MATHETIGER 3

Heft 1

Herausgegeben von

Thomas Laubis

Erarbeitet von

Matthias Heidenreich

Thomas Laubis

Eva Schnitzer

Unter Beratung von

Carina Benner

Rebecca Knapp

Karin Seidel

Mildenberger

Inhaltsverzeichnis

Ziel

100
90
81
80
72
70
64
63
60
56
54
50
49
48
45
42
40
36
35
32
30
28
27
25
24
21
20
18
16
15
14
12
10
9
8
6
4

Start

Im Einmaleins-Dschungel

Spiel für 2 bis 4 Kinder

Ihr braucht: 1 Würfel, je 1 Spielstein

Spielregeln:
- Würfelt abwechselnd und zieht mit dem Spielstein.
- Wer auf ein Zahlenfeld kommt, nennt eine passende Einmaleins-aufgabe (ohne 1er-Reihe). Ist sie richtig, darf der Spieler 3 Felder vorrücken. Ist sie falsch, muss er 3 Felder zurück. Landet der Spieler auf einem roten Feld, muss er die Liane hinauf- oder hinabsteigen.
- Sieger ist, wer zuerst im Ziel ist.

Plus- und Malaufgaben

1 Sprich über die Ausstellung. Was haben die Kinder aus den Ferien mitgebracht?
Schreibe zu jedem Bild eine Plus- und eine Malaufgabe.

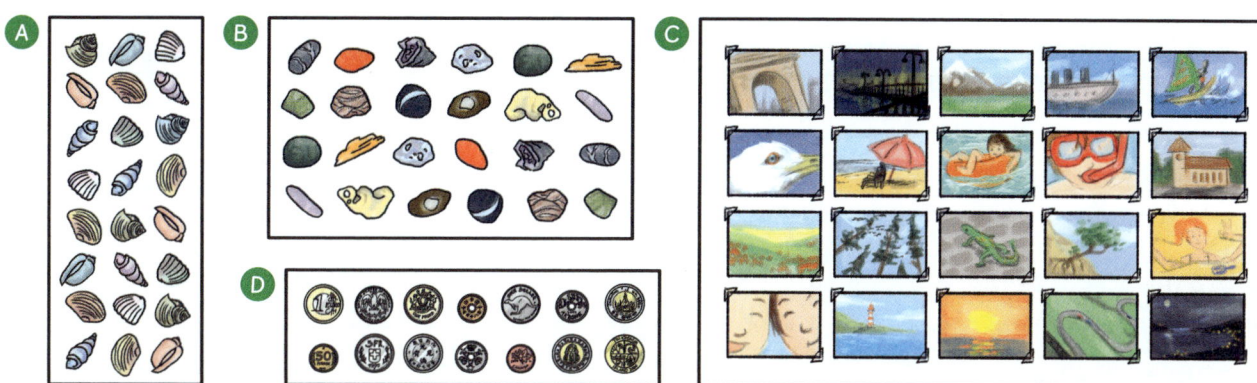

2 Zeichne zu jeder Plusaufgabe ein Punktebild.
Schreibe eine Malaufgabe und ihre Tauschaufgabe dazu.

a)
$4 + 4 + 4 + 4 + 4 = $ ▢

b)
$9 + 9 + 9 = $ ▢

c)
$6 + 6 + 6 + 6 + 6 + 6 = $ ▢

d)
$8 + 8 + 8 + 8 = $ ▢

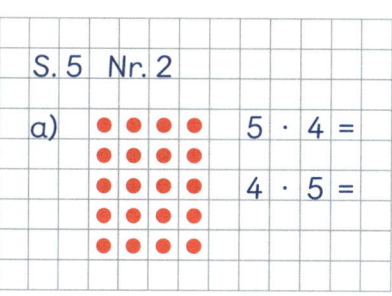

S. 5 Nr. 2

a) $5 \cdot 4 = $
      $4 \cdot 5 = $

Kernaufgaben

3 Schreibe zu jeder Kernaufgabe zwei Nachbaraufgaben und löse sie.

a)
$2 \cdot 3 = $ ▢

b)
$2 \cdot 2 = $ ▢

c)
$2 \cdot 6 = $ ▢

d)
$5 \cdot 2 = $ ▢

e)
$5 \cdot 4 = $ ▢

f)
$5 \cdot 9 = $ ▢

g)
$10 \cdot 7 = $ ▢

h)
$10 \cdot 8 = $ ▢

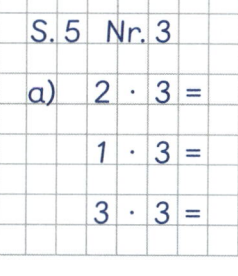

S. 5 Nr. 3

a) $2 \cdot 3 = $
     $1 \cdot 3 = $
     $3 \cdot 3 = $

4 Schreibe zu jeder Kernaufgabe die Verdopplungsaufgabe und löse sie.

a)
$2 \cdot 2 = $ ▢
$2 \cdot 4 = $ ▢
$2 \cdot 9 = $ ▢

b)
$5 \cdot 3 = $ ▢
$5 \cdot 6 = $ ▢
$5 \cdot 8 = $ ▢

c)
$2 \cdot 1 = $ ▢
$5 \cdot 5 = $ ▢
$2 \cdot 6 = $ ▢

5 Löse die Malaufgaben. Nutze wenn nötig Rechentricks.

a)
$3 \cdot 6 = $ ▢
$4 \cdot 3 = $ ▢

b)
$7 \cdot 4 = $ ▢
$6 \cdot 9 = $ ▢

c)
$8 \cdot 6 = $ ▢
$7 \cdot 5 = $ ▢

d)
$6 \cdot 4 = $ ▢
$9 \cdot 3 = $ ▢

e)
$8 \cdot 8 = $ ▢
$6 \cdot 6 = $ ▢

Das Einmaleins

·	1	2	3	4	5	6	7	8	9	10
1	1·1 = ▢	1·2 = ▢	1·3 = ▢	1·4 = ▢	1·5 = ▢	1·6 = ▢	1·7 = ▢	1·8 = ▢	1·9 = ▢	1·10 = ▢
2	2·1 = ▢	2·2 = ▢	2·3 = ▢	2·4 = ▢	2·5 = ▢	2·6 = ▢	2·7 = ▢	2·8 = ▢	2·9 = ▢	2·10 = ▢
3	3·1 = ▢	3·2 = ▢	3·3 = ▢	3·4 = ▢	3·5 = ▢	3·6 = ▢	3·7 = ▢	3·8 = ▢	3·9 = ▢	3·10 = ▢
4	4·1 = ▢	4·2 = ▢	4·3 = ▢	4·4 = ▢	4·5 = ▢	4·6 = ▢	4·7 = ▢	4·8 = ▢	4·9 = ▢	4·10 = ▢
5	5·1 = ▢	5·2 = ▢	5·3 = ▢	5·4 = ▢	5·5 = ▢	5·6 = ▢	5·7 = ▢	5·8 = ▢	5·9 = ▢	5·10 = ▢
6	6·1 = ▢	6·2 = ▢	6·3 = ▢	6·4 = ▢	6·5 = ▢	6·6 = ▢	6·7 = ▢	6·8 = ▢	6·9 = ▢	6·10 = ▢
7	7·1 = ▢	7·2 = ▢	7·3 = ▢	7·4 = ▢	7·5 = ▢	7·6 = ▢	7·7 = ▢	7·8 = ▢	7·9 = ▢	7·10 = ▢
8	8·1 = ▢	8·2 = ▢	8·3 = ▢	8·4 = ▢	8·5 = ▢	8·6 = ▢	8·7 = ▢	8·8 = ▢	8·9 = ▢	8·10 = ▢
9	9·1 = ▢	9·2 = ▢	9·3 = ▢	9·4 = ▢	9·5 = ▢	9·6 = ▢	9·7 = ▢	9·8 = ▢	9·9 = ▢	9·10 = ▢
10	10·1 = ▢	10·2 = ▢	10·3 = ▢	10·4 = ▢	10·5 = ▢	10·6 = ▢	10·7 = ▢	10·8 = ▢	10·9 = ▢	10·10 = ▢

1 Fülle die Einmaleinstabelle aus.
Kontrolliere die Lösungen mit einem Partner.

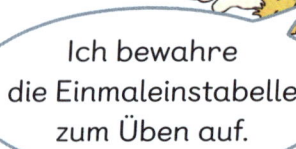

Ich bewahre die Einmaleinstabelle zum Üben auf.

2 Übt das Einmaleins mit einem Partner. Stellt euch abwechselnd Aufgaben aus der Einmaleinstabelle.

3 Schreibe zu jeder Malaufgabe die Umkehraufgabe.

a	b	c	d
7 · 4 = ▢	4 · 6 = ▢	8 · 3 = ▢	▢ · 4 = 16
10 · 2 = ▢	8 · 9 = ▢	7 · 7 = ▢	▢ · 6 = 18
5 · 8 = ▢	6 · 7 = ▢	2 · 5 = ▢	▢ · 9 = 45

S. 6   Nr. 3

a)   7 · 4 = 2 8

          2 8 : 4 =

4 Zeichne die Mal-Rechendreiecke ins Heft und löse sie.

a)
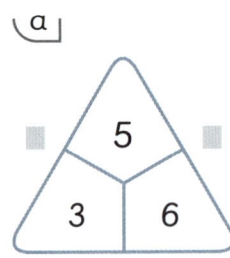

b)
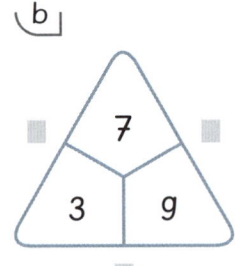

c)
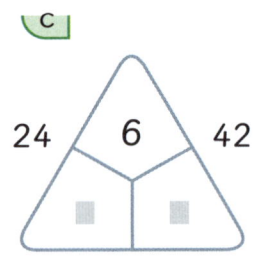

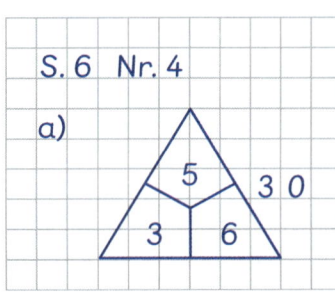

Stelle deinem Partner die Aufgaben. Wie viele richtige Lösungen schafft er in einer Minute?

5
3 · 4 = 12   5 · 3 = 15   6 · 7 = 42   7 · 4 = 28
10 · 6 = 60   9 · 5 = 45   4 · 8 = 32   5 · 6 = 30
7 · 2 = 14   2 · 8 = 16   3 · 9 = 27   9 · 9 = 81

1 Kopiervorlage verwenden
5 Stoppuhr oder Sanduhr verwenden

Geteiltaufgaben – Aufteilen und Verteilen

1

Immer 6 auf einen Teller.

18 geteilt durch 6.

18 : 6

Spielt die Rechengeschichten. Wie viele Teller braucht man? Findet einen Lösungs-weg (L) mit Punktebild und Geteiltaufgabe. Schreibt eine Antwort (A) auf.

a) 18 Steckwürfel, immer 6 auf einen Teller.

b) 24 Steckwürfel, immer 4 auf einen Teller.

c) 36 Steckwürfel, immer 9 auf einen Teller.

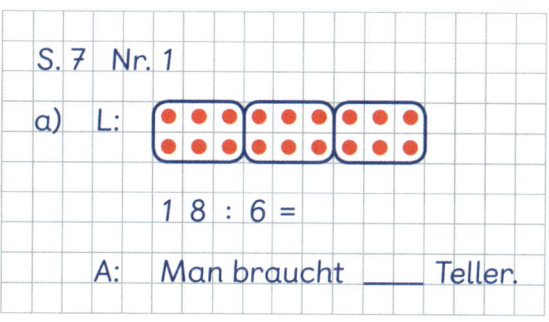

S. 7 Nr. 1

a) L:

$18 : 6 =$

A: Man braucht ____ Teller.

2 Finde einen Lösungsweg (L) mit Punktebild und Geteiltaufgabe.
Schreibe Kontrolle (K) und Antwort (A) auf.

a) Verteile 12 Orangen in 4 Netze.
Wie viele Orangen sind in jedem Netz?

b) Verteile 28 Bälle in 7 Körbe.
Wie viele Bälle sind in jedem Korb?

c) Verteile 36 Ballons an 6 Kinder.
Wie viele Ballons bekommt jedes Kind?

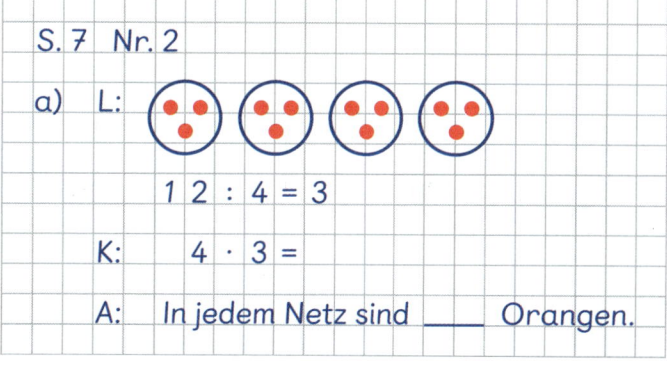

S. 7 Nr. 2

a) L:

$12 : 4 = 3$

K: $4 \cdot 3 =$

A: In jedem Netz sind ____ Orangen.

3 Löse die Geteiltaufgaben. Kontrolliere mit der Umkehraufgabe.

a	b	c	d
$24 : 3 =$ ▪	$16 : 4 =$ ▪	$42 : 6 =$ ▪	$45 : 9 =$ ▪
$15 : 3 =$ ▪	$28 : 4 =$ ▪	$54 : 6 =$ ▪	$27 : 9 =$ ▪
$27 : 3 =$ ▪	$36 : 4 =$ ▪	$30 : 6 =$ ▪	$72 : 9 =$ ▪

Geteiltaufgaben – Teilen mit Rest

1 Spielt die Rechengeschichten. Wie viele bekommt jeder? Wie viele bleiben übrig?
Findet einen Lösungsweg (L) mit Punktebild und Geteiltaufgabe.
Schreibt Kontrolle (K) und Antwort (A) auf.

a
22 Sticker an 4 Kinder.

b
17 Autos an 5 Kinder.

c
35 Lose an 8 Kinder.

d
40 Nüsse an 6 Kinder.

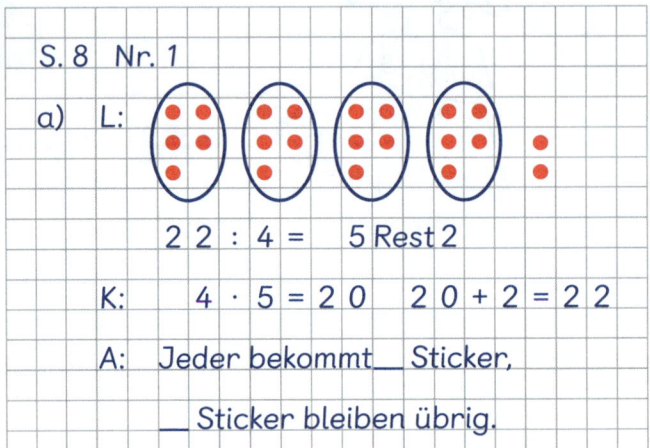

S. 8   Nr. 1

a)   L:

$22 : 4 = 5$ Rest 2

K: $4 \cdot 5 = 20$ $20 + 2 = 22$

A: Jeder bekommt __ Sticker,
__ Sticker bleiben übrig.

2 Zeichne ein Punktebild und löse die Geteiltaufgabe.
Rechne zur Kontrolle (K) die Umkehraufgabe.

a
$9 : 2 = \blacksquare$
$13 : 2 = \blacksquare$

b
$18 : 4 = \blacksquare$
$31 : 4 = \blacksquare$

c
$20 : 7 = \blacksquare$
$36 : 7 = \blacksquare$

d
$27 : 2 = \blacksquare$
$35 : 3 = \blacksquare$

3 Setze fort, so weit du kannst.

a
$2 : 2 = \blacksquare$
$3 : 2 = \blacksquare$
$4 : 2 = \blacksquare$

b
$3 : 3 = \blacksquare$
$4 : 3 = \blacksquare$
$5 : 3 = \blacksquare$

c
$6 : 5 = \blacksquare$
$7 : 5 = \blacksquare$
$8 : 5 = \blacksquare$

d
$30 : 6 = \blacksquare$
$29 : 6 = \blacksquare$
$28 : 6 = \blacksquare$

4 **a**
Beschreibe die Tiger-Päckchen von Aufgabe 3.

| Erste Zahl … | Zweite Zahl … | Ergebnis … | Rest … |

| … immer … mehr. | … immer … weniger. | … immer gleich. |

b
Mara behauptet: „Der Rest ist immer kleiner als die zweite Zahl."
Stimmt das? Begründe.

Auf verschiedene Arten addieren

1

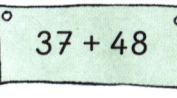

37 + 48

Finn

$37 + 48 = 85$
$37 + 8 = 45$
$45 + 40 = 85$

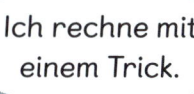

Ich rechne mit einem Trick.

Luis

$37 + 48 = 85$
$37 + 50 = 87$
$87 - 2 = 85$

Emma

$37 + 48 = 85$
$37 + 40 = 77$
$77 + 8 = 85$

Lisa

+48
+40   +8
37   77 85

Hamid

$37 + 48 = 85$
$30 + 40 = 70$
$7 + 8 = 15$
$70 + 15 = 85$

Rechne mit deinem Weg. Kontrolliere deine Ergebnisse mit den Lösungszahlen.

a)
$46 + 35 = \blacksquare$
$63 + 27 = \blacksquare$
$58 + 24 = \blacksquare$

81 82 88 90

b)
$38 + 34 = \blacksquare$
$44 + 19 = \blacksquare$
$36 + 24 = \blacksquare$

60 63 69 72

c)
$65 + 18 = \blacksquare$
$21 + 43 = \blacksquare$
$29 + 57 = \blacksquare$

61 64 83 86

d)
$25 + 65 = \blacksquare$
$42 + 38 = \blacksquare$
$59 + 41 = \blacksquare$

70 80 90 100

Tauschaufgaben

2 Denke an die Tauschaufgabe.

a)
$5 + 38 = \blacksquare$
$46 + 8 = \blacksquare$
$4 + 79 = \blacksquare$

b)
$67 + 7 = \blacksquare$
$6 + 29 = \blacksquare$
$75 + 6 = \blacksquare$

c)
$40 + 24 = \blacksquare$
$31 + 60 = \blacksquare$
$20 + 57 = \blacksquare$

d)
$36 + 50 = \blacksquare$
$40 + 48 = \blacksquare$
$25 + 70 = \blacksquare$

Rechenmauern

3 a)

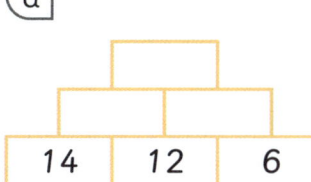

14 | 12 | 6

b)

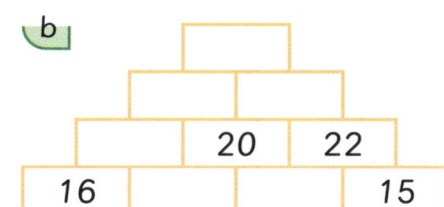

20 | 22
16 | | 15

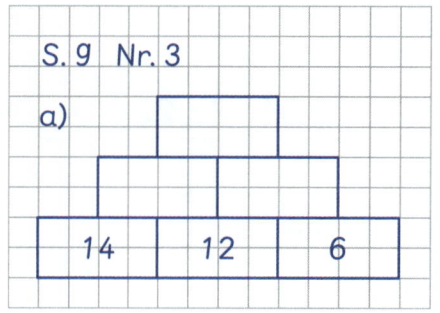

S. 9 Nr. 3
a)

14 | 12 | 6

Auf verschiedene Arten subtrahieren

1

54 – 37

Ich rechne mit einem Trick.

Hoppla.

Finn
54 – 37 = 17
54 – 7 = 47
47 – 30 = 17

Luis
54 – 37 = 17
54 – 40 = 14
14 + 3 = 17

Hamid
54 – 37 =
50 – 30 = 20
 4 – 7 = ✗

Emma
54 – 37 = 17
54 – 30 = 24
24 – 7 = 17

Lisa

Rechne mit deinem Weg. Kontrolliere deine Ergebnisse mit den Lösungszahlen.

a
46 – 28 = ▦
43 – 36 = ▦
45 – 17 = ▦

7 18 28 38

b
62 – 35 = ▦
72 – 26 = ▦
82 – 59 = ▦

17 23 27 46

c
40 – 19 = ▦
60 – 32 = ▦
80 – 67 = ▦

13 21 26 28

d
51 – 48 = ▦
62 – 57 = ▦
93 – 89 = ▦

2 3 4 5

Kleine und große Aufgaben

2

a
54 – 3 = ▦
54 – 13 = ▦
54 – 33 = ▦

b
63 – 6 = ▦
63 – 16 = ▦
63 – 36 = ▦

c
41 + 4 = ▦
41 + 14 = ▦
41 + 44 = ▦

d
38 + 5 = ▦
38 + 25 = ▦
38 + 55 = ▦

Rechnen in Tabellen

3

a

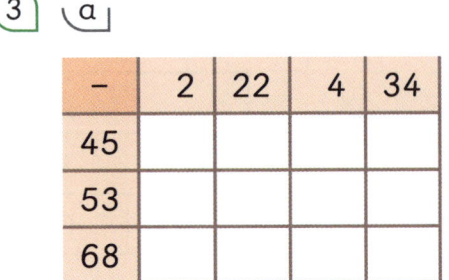

–	2	22	4	34
45				
53				
68				

b

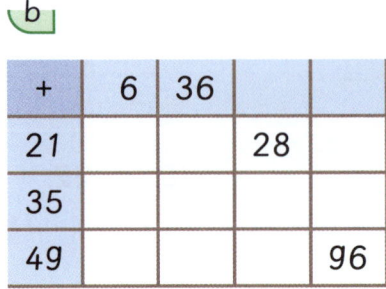

+	6	36		
21			28	
35				
49				96

S. 1 0 Nr. 3

a)

–	2	22	4	34
45	43			
53				
68				

1 Selbstkontrolle: Es bleibt jeweils eine Lösungszahl übrig.

Zahlenrätsel

 1

$:2$　　$\cdot 7$

☐ → ☐ → 21

Ich denke mir eine Zahl, dividiere sie durch 2, dann multipliziere ich mit 7 und erhalte 21. Welche Zahl habe ich mir gedacht?

Ich löse mit der Umkehraufgabe.

addieren	plus	+
subtrahieren	minus	–
multiplizieren	mal	·
dividieren	geteilt durch	:

2 Welche Zahlen haben sich die Kinder gedacht? Löse mit einem Pfeilbild.

a)

Julian denkt sich eine Zahl. Er addiert 20, subtrahiert dann 9 und erhält 51.

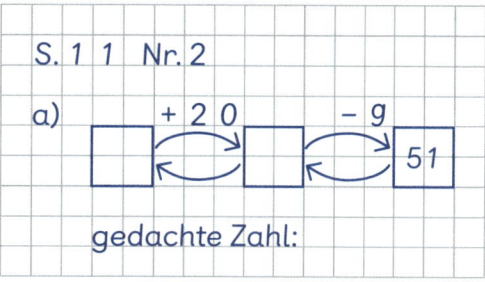

S. 1 1 Nr. 2

a)　☐ → $+20$ → ☐ → -9 → 51

gedachte Zahl:

b)

Lena denkt sich eine Zahl. Sie dividiert sie durch 5, multipliziert dann mit 4 und erhält 28.

c)

Emilia denkt sich eine Zahl. Sie multipliziert mit 4, addiert dann 25 und erhält 33.

3 Lies die Aufgaben deinem Partner als Zahlenrätsel vor. Der Partner löst sie mit einem Pfeilbild.

Ich denke mir eine Zahl, multipliziere sie mit 6 und erhalte 48.

a)
$■ \cdot 6 = 48$
$■ : 9 = 4$

b)
$■ \cdot 4 : 2 = 8$
$■ : 6 \cdot 8 = 32$

c)
$■ - 7 + 12 = 52$
$■ + 18 - 20 = 78$

4 Löse die Pfeilbilder im Heft.

a)
-28　　$+65$
☐ → ☐ → 90
■　　■

b)
$\cdot 5$　　$+39$　　$:8$
☐ → ☐ → ☐ → 8
■　　■　　■

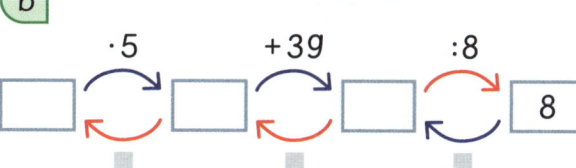

Verschiedene Größen

1 Schreibe die Sätze auf und setze richtig ein: cm, m, €, ct, h, min

- Eine Tafel Schokolade kostet 95 ▦.
- Die Tür ist 2 ▦ hoch.
- Ein Tag hat 24 ▦.

- Eine Schulstunde dauert 45 ▦.
- Der Eintritt ins Schwimmbad kostet 2 ▦.
- Das Heft ist 30 ▦ lang.

Längen

2 Miss die Länge der einzelnen Strecken. Berechne die Gesamtlänge.

> 1 Zentimeter = 10 Millimeter
> 1 cm = 10 mm

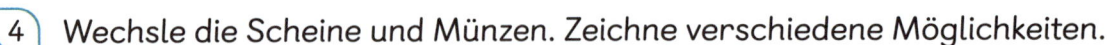

3 Zeichne die Quadrate und Rechtecke mit Lineal ins Heft.

a | b | c | d |

Länge: 3 cm   Länge: 8 cm   Länge: 5 cm   Länge: 7 cm

Breite: 4 cm   Breite: 2 cm 5 mm

Geld

4 Wechsle die Scheine und Münzen. Zeichne verschiedene Möglichkeiten.

a |    b |    c | d |

> 1 Euro = 100 Cent
> 1 € = 100 ct

5 Lege und zeichne.

a | 20 € mit 4 Scheinen   b | 50 € mit 3 Scheinen   c | 80 ct mit 7 Münzen

Uhrzeiten

6  A    B    C    D    E

a |

Schreibe beide Uhrzeiten auf.

> 1 Stunde = 60 Minuten
> 1 h = 60 min

b |

Wie viele Minuten sind seit der letzten vollen Stunde jeweils vergangen?

c |

Wie viele Minuten vergehen jeweils bis zur nächsten vollen Stunde?

Sachrechnen – Längen

1 Ordne die Gebäude nach ihrer Höhe. Beginne mit dem kleinsten Gebäude.
Schreibe zu jedem Gebäude seine Höhe.

A
B
C
D

Höhe: 16 m

Höhe: 33 m

Höhe: 41 m

Höhe: 9 m

2 Finde einen Lösungsweg (L) mit Skizze und
Rechnung. Schreibe eine Antwort (A) auf.

a

Wie viel Meter ist die Kirche höher als
das Wohnhaus?

b

Wie viel Meter ist die Schule niedriger
als das Hochhaus?

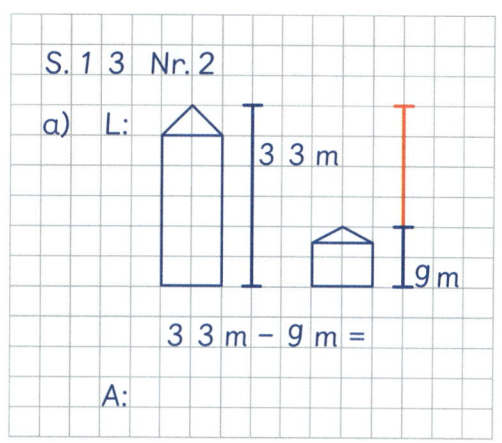

S. 13 Nr. 2

a) L:

3 3 m

9 m

3 3 m – 9 m =

A:

Sachrechnen – Geld

3 Schreibe Frage (F), Lösungsweg (L) und Antwort (A) auf.

a

Mara hat 62 € gespart. Sie kauft ein
neues Skateboard für 46 €.

b

Jan kauft das gleiche Skateboard wie
Mara und noch einen Helm für 28 €.

c

Lisa hat 80 €. Sie kauft einen Roller für
43 € und einen Hüpfstab für 35 €.

d ?

Erfinde eigene Sachaufgaben. Dein
Partner löst sie.

Sachrechnen – Zeit

4 Schreibe Frage (F), Lösungsweg (L) und Antwort (A) auf.

a

Um 8.00 Uhr beginnt der Unterricht.
Um 12.30 Uhr ist die Schule aus.

b

Um 14.30 Uhr beginnt das Fußball-
training. Es dauert 1 h und 30 min.

S. 13 Nr. 4

a) F: Wie lange dauert der Unterricht?

L: 8.0 0 Uhr ⟶

A:

a

Wie viele Menschen sind hier zu sehen? Schätzt.

b

Überprüft eure Schätzung. Schneidet dazu in ein Papier
ein quadratisches Zählfenster (Seitenlänge: 2 cm).
Legt das Fenster auf das Bild und zählt die Menschen.
Wie oft passt das Zählfenster auf das Bild?

c

Präsentiert euer Ergebnis in einer Mathekonferenz.

2 Schätze und überprüfe wie bei Aufgabe 1.

a

b

1 Bündle und zähle geschickt. Finde heraus, wie Finn bündelt.

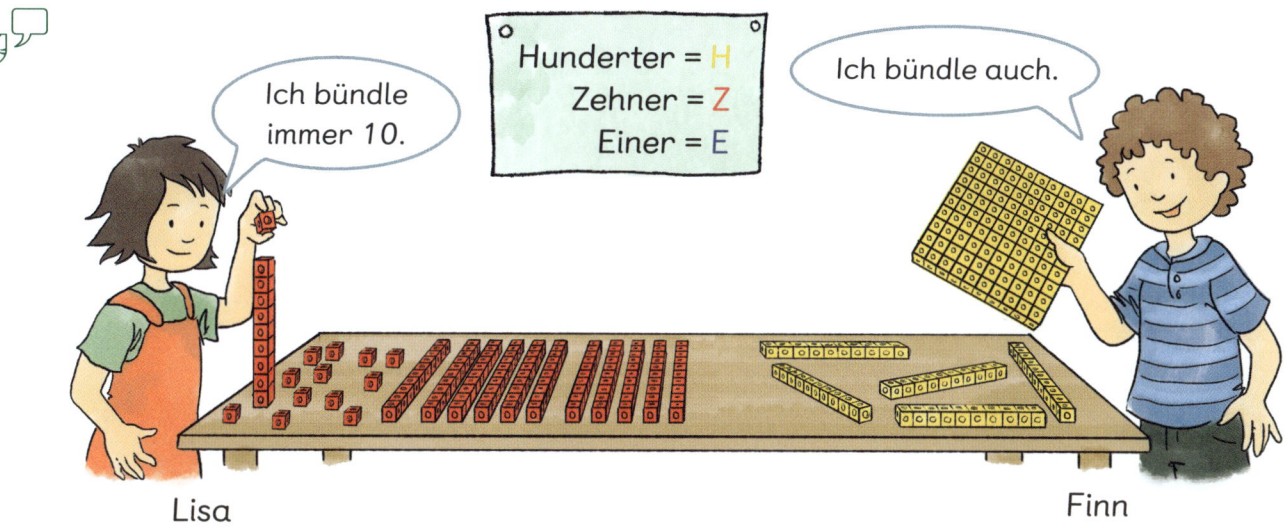

Ich bündle immer 10.

Hunderter = H
Zehner = Z
Einer = E

Ich bündle auch.

Lisa

Finn

2 Wie viele Dinge sind es? Schreibe Additionsaufgaben auf.

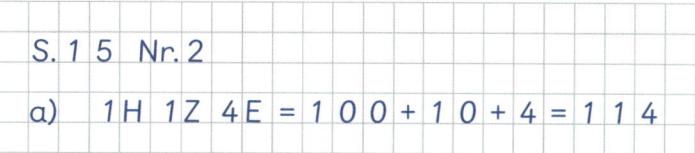

S. 15   Nr. 2
a)   1H 1Z 4E = 100 + 10 + 4 = 114

a)

b)

c)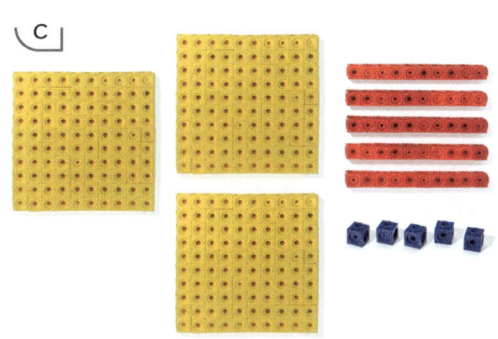

d)

3 Welche Zahlen sind dargestellt?

a)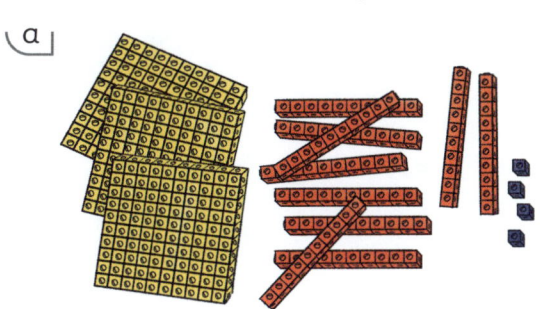

b)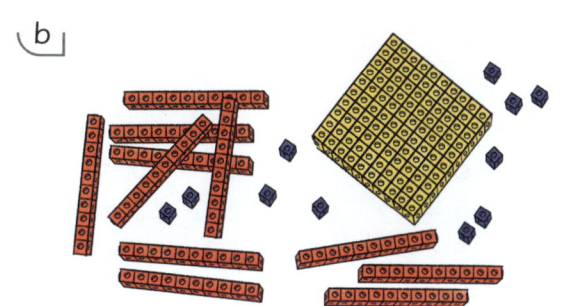

1 Max. 1000 Dinge (Steckwürfel, Kastanien, Perlen …) geschickt zählen; über Vorteil der 100er-Bündelung sprechen

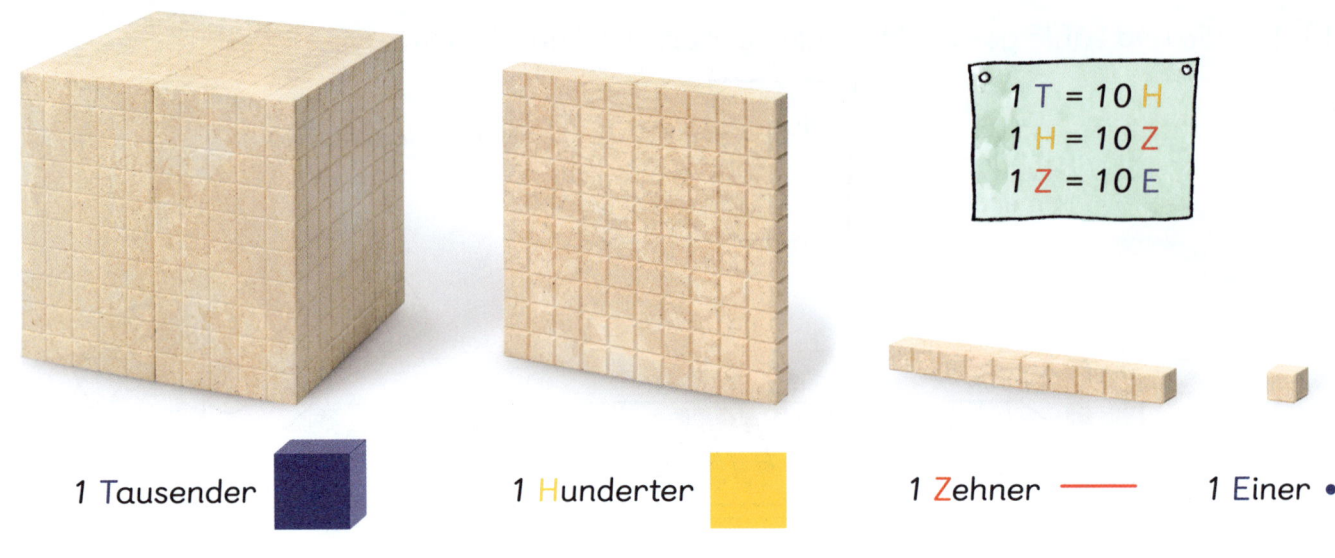

$$1\,T = 10\,H$$
$$1\,H = 10\,Z$$
$$1\,Z = 10\,E$$

1 Tausender   1 Hunderter   1 Zehner ——   1 Einer •

1 Lege die Zahlen nach. Schreibe dann auf drei andere Arten.

a)

S. 16 Nr. 1
a)   4H 5Z 3E = 4 0 0 + 5 0 + 3 = 4 5 3

b)   c)

d)   e)

2 Lege die Zahlen und schreibe auf drei andere Arten.

a)   b)   c)

1H 4Z 2E   500 + 10 + 9   361
2H 9Z 7E   100 + 70 + 4   608
6H 5Z 3E   400 + 20 + 0   235

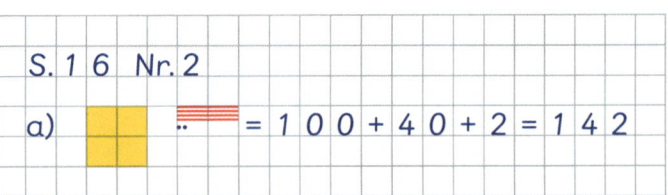

S. 16 Nr. 2
a) [blocks] = 1 0 0 + 4 0 + 2 = 1 4 2

3
a)   b)   c)   d)

70 − 6 = ▢   58 − 3 = ▢   14 + 5 = ▢   27 + 8 = ▢
70 − 16 = ▢   58 − 13 = ▢   14 + 25 = ▢   27 + 18 = ▢
70 − 36 = ▢   58 − 43 = ▢   14 + 55 = ▢   27 + 68 = ▢

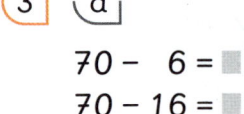

1 Die Zahl 247 wurde auf verschiedene Arten dargestellt.
Vergleiche und erkläre.

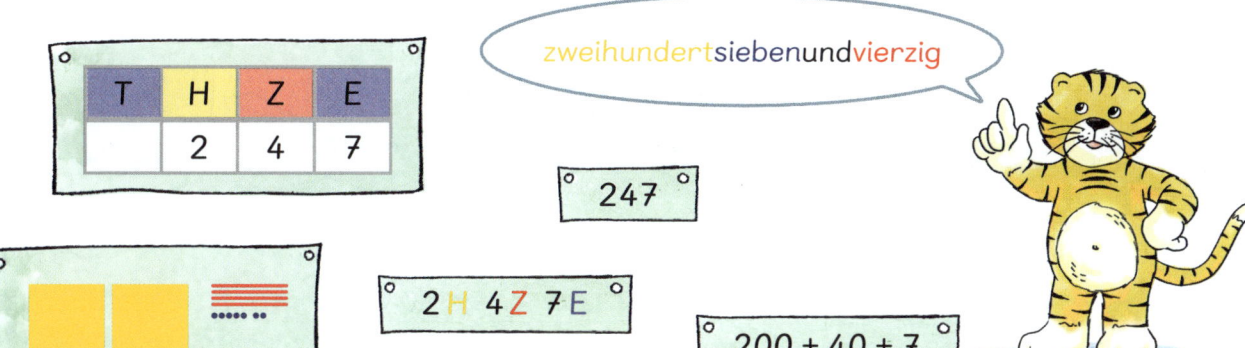

2 Denkt euch eine Zahl zwischen 100 und 1000 aus.
Stellt diese Zahl auf verschiedene Arten dar. Präsentiert euer Ergebnis der Klasse.

3 Lest euch abwechselnd die Zahlen vor.
Wie viele Hunderter, Zehner und Einer sind es jeweils?

a	b	c	d
322	284	999	800
645	760	408	110
937	179	521	101

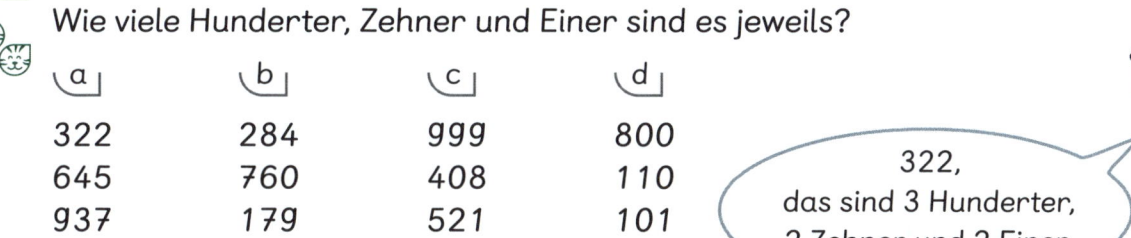

322,
das sind 3 Hunderter,
2 Zehner und 2 Einer.

4 Schreibe als Additionsaufgabe und mit Ziffern.

a)

T	H	Z	E
	7	2	5

b)

T	H	Z	E
	9	3	0

c)

T	H	Z	E
	5	0	3

d)

T	H	Z	E
	8	8	8

e)

T	H	Z	E
1	0	0	1

S. 17 Nr. 4

a) $700 + 20 + 5 = 725$

5 Zeichne für jede Zahldarstellung eine Stellenwerttabelle und schreibe die Zahl.

a)

200 + 80
900 + 3
40 + 500 + 5

b)

7E 3Z 6H
0Z 1H 1E
8E 0H 9Z

S. 17 Nr. 5

a)

H	Z	E
2	8	0

$= 280$

Stellt an Stationen Zahlen auf verschiedene Arten dar.

| S. 1 8 Nr. 1 |
| Salamander |
| 1 3 6 = 1H 3Z 6E = 1 0 0 + 3 0 + 6 |

1 Legt die Zahlen und schreibt auf zwei Arten.

| 136 | 640 |
| 854 | 379 |

| 9H 2Z 5E | 2H 0Z 4E |
| 4H 6Z 2E | 0H 8Z 1E |

2 Stelle Zahlen für deinen Partner auf ungewöhnliche Art dar.

 mit dem Xylofon

 mit verschiedenen Bällen

 mit dem Körper (hüpfen, klatschen, stampfen …)

 Erfinde eigene Zahldarstellungen.

3 Immer drei Zahldarstellungen gehören zusammen. Schreibt sie geordnet ins Heft.

459	9H 5E 4Z	400 + 90 + 5	954
9E 5Z 4H	400 + 50 + 9	9H 4E 5Z	495
9Z 5E 4H	945	900 + 50 + 4	900 + 40 + 5

1–3 Die Aufgaben sind Beispiele für Stationen; weitere Stationen, Kopiervorlagen und Stationenplan siehe Handbuch
1 Mehrsystemblöcke oder Einer, Zehner, Hunderter und Tausender (Beilagen 1 und 2) verwenden

Zahlwörter

1

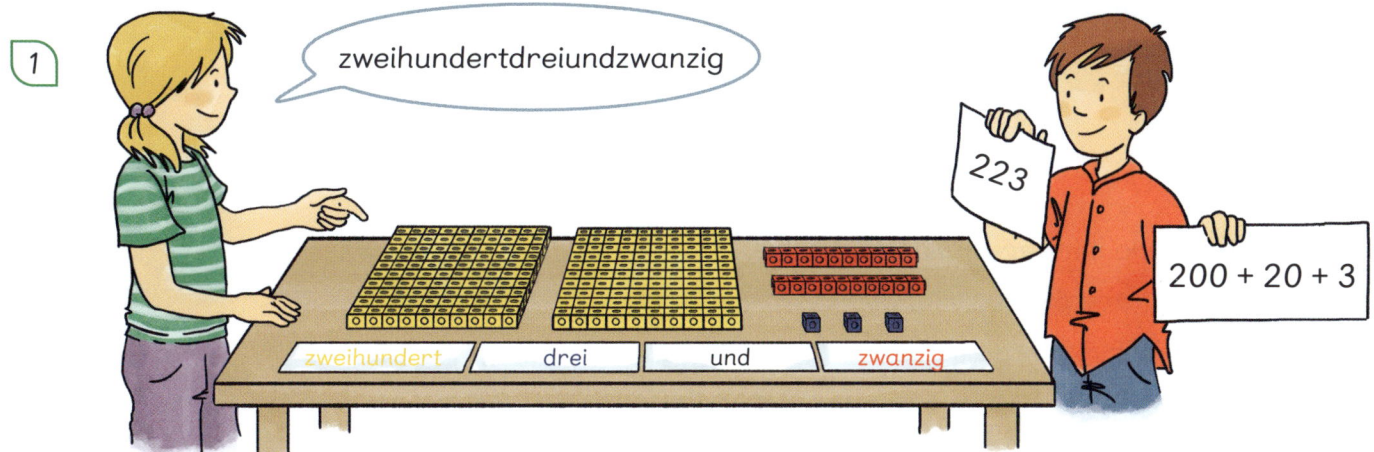

Lies die Zahlwörter. Lege und schreibe auf zwei Arten.
Schreibe so: a) 200 + 20 + 3 = 223

a

zweihundertdreiundzwanzig
neunhundertsiebenundsechzig
siebenhundertdreißig
vierhundertneunzehn
sechshundertacht

b

fünfhundertzweiundvierzig
dreihundertvierundneunzig
achthunderteinundzwanzig
sechsundsiebzig
vierhundertfünf

2   Legt die Zahlen mit Zahlwortkarten.

a	b	c	d	e
264	759	802	345	1 570
666	500	595	707	1 999

3 Lege mit Zahlwortkarten und schreibe die Zahlen mit Ziffern.

a

T	H	Z	E
	1	2	3

T	H	Z	E
	4	8	0

T	H	Z	E
	9	0	3

T	H	Z	E
	8	1	4

b

900 + 10 + 9   500 + 60 + 1   200 + 2   600 + 70 + 5

4 Wie viele dreistellige Zahlen kannst du mit diesen Zahlwortkarten bilden?
Schreibe sie mit Ziffern ins Heft.

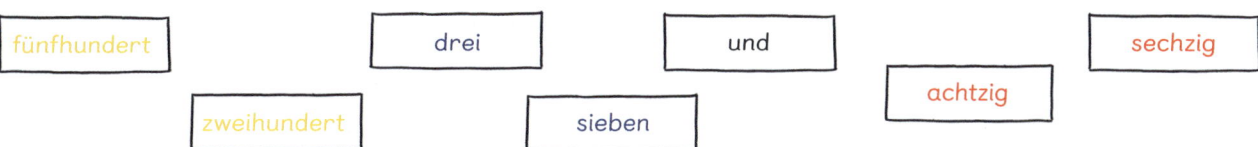

5 Emma behauptet: „Mit den Zahlwortkarten kann ich alle Zahlen von 0 bis 1 000
legen." Stimmt das? Überprüfe. Was stellst du fest?

1–5 Zahlwortkarten (Beilage 3) verwenden
5 Feststellen, dass viele Zahlen (51) mit den Zahlwortkarten (Beilage 3) nicht gebildet werden können (0, 1, 11, 12, …)

19

1

a	b	c	d
$6 \cdot 2 = \blacksquare$	$3 \cdot 7 = \blacksquare$	$9 \cdot 8 = \blacksquare$	$\blacksquare \cdot 4 = 16$
$8 \cdot 1 = \blacksquare$	$5 \cdot 6 = \blacksquare$	$4 \cdot 3 = \blacksquare$	$\blacksquare \cdot 5 = 10$

2 Kontrolliere mit der Umkehraufgabe.

a	b	c	d
$24 : 3 = \blacksquare$	$16 : 8 = \blacksquare$	$23 : 4 = \blacksquare$	$30 : 7 = \blacksquare$
$35 : 5 = \blacksquare$	$27 : 9 = \blacksquare$	$17 : 2 = \blacksquare$	$46 : 6 = \blacksquare$

3

a	b	c	d
$35 + 48 = \blacksquare$	$29 + 62 = \blacksquare$	$71 - 48 = \blacksquare$	$92 - 56 = \blacksquare$
$52 + 29 = \blacksquare$	$48 + 34 = \blacksquare$	$64 - 37 = \blacksquare$	$80 - 69 = \blacksquare$

4 Schreibe Frage (F), Lösungsweg (L) und Antwort (A) auf.

a

Jule hat 100 € gespart.
Sie kauft sich ein Waveboard für 73 €
und Knieschoner für 15 €.

b

Das Schulfest beginnt um 9.30 Uhr.
Es dauert 6 h 30 min.

5 Schreibe die Zahlen auf drei andere Arten.

a

b

$400 + 70 + 3$

c

2 E 4 Z 8 H

6 Schreibe mit Ziffern.

a

siebenhundertfünfundachtzig

b

einhundertzehn

c

achthundertsechs

7 Welche Zahlen haben sich die Kinder gedacht? Löse mit einem Pfeilbild.

a

Janis denkt sich eine Zahl.
Er subtrahiert 8, addiert dann 75
und erhält 100.

b

Nele denkt sich eine Zahl. Sie
dividiert sie durch 6, multipliziert
dann mit 5 und erhält 20.

8

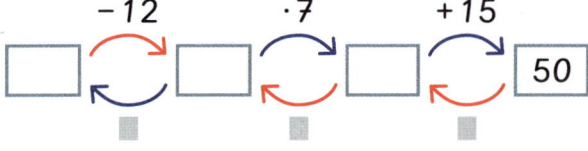

$-12 \qquad \cdot 7 \qquad +15$

50

Wichtige Aufgaben der ersten Lerneinheit (Heft 1, S. 4–19) wiederholen;
Selbsteinschätzung: entsprechend dem Können der Aufgabe passenden Smiley ins Heft malen

a

In der Tabelle ist eine Zahl mit Plättchen dargestellt.
Wie heißt die Zahl?

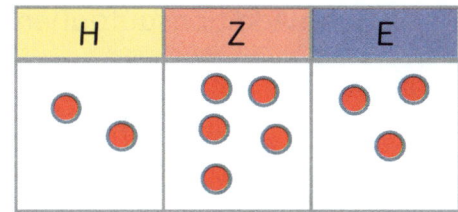

b

Verschiebe ein Plättchen in eine andere Spalte.
Welche Zahlen kannst du erhalten? Finde alle 6 Möglichkeiten.

c

Beschreibe, wie sich die Zahl jeweils verändert, wenn du ein Plättchen verschiebst.
Die Satzstreifen helfen dir.

> Wenn ich das Plättchen …

> … von den Einern zu den … schiebe …

> … von den Zehnern zu den … schiebe …

> … von den Hundertern zu den … schiebe …

> … wird die Zahl um … größer.

> … wird die Zahl um … kleiner.

2 Nimm 6 Plättchen und lege sie in die Tabelle. Dein Partner nennt die Zahl.
Nun schaut er weg und du verschiebst ein Plättchen in eine andere Spalte.
Dein Partner nennt die neue Zahl und beschreibt, wohin du das Plättchen
verschoben hast.

3 **a**

Welche dreistelligen Zahlen kannst du mit 5 Plättchen legen?
Gehe geschickt vor und finde alle 15 Zahlen.

b

Welche dreistelligen Zahlen kannst du mit 10 Plättchen legen,
wenn in der Zehnerspalte immer 5 Plättchen liegen?
Schreibe alle 5 Zahlen auf. Vergleiche mit deinem Partner.

4 Lege die Zahl 253 mit Plättchen in die Tabelle.
Nimm zwei beliebige Plättchen weg.
Welchen Wert können diese beiden Plättchen
haben? Finde alle Möglichkeiten.
Welche Zahl bleibt jeweils übrig?

> Ich nehme
> ein Zehner- und
> ein Einerplättchen weg.
> Der Wert ist 11.
> Es bleibt 242 übrig.

1 Welche Additionsaufgaben sind dargestellt? Was fällt dir auf?

 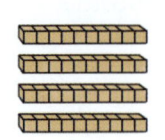 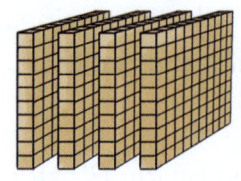 

2 Finde passende Aufgaben mit Zehnern und Hundertern. Lege und rechne.

a) 3 + 6 = ▫

b) 7 + 1 = ▫

c) 5 + 3 = ▫

d) 2 + 5 = ▫

S.22 Nr.2							
a)			3 +		6 =		9
		3 0 +		6 0 =		9 0	
	3 0 0 +		6 0 0 =	9 0 0			

3

a)
21 + 7 = ▫
21 + 70 = ▫
21 + 700 = ▫

b)
57 + 8 = ▫
57 + 80 = ▫
57 + 800 = ▫

c)
76 + ▫ = 81
76 + ▫ = 126
76 + ▫ = 576

d)
49 + ▫ = 52
49 + ▫ = 79
49 + ▫ = 349

4 Setze fort, so weit du kannst.

a)
280 + 100 = ▫
280 + 200 = ▫
280 + 300 = ▫

b)
600 + 400 = ▫
590 + 400 = ▫
580 + 400 = ▫

c)
37 + 6 = ▫
37 + 106 = ▫
37 + 206 = ▫

d)
20 + 50 = ▫
220 + 50 = ▫
420 + 50 = ▫

5 Beschreibe die Tiger-Päckchen von Aufgabe 4.

| Erste Zahl immer ... | Zweite Zahl immer ... | Ergebnis immer ... |

6 Erfinde zu einer Regel von Aufgabe 5 ein Tiger-Päckchen. Dein Partner löst es.

?

7 Schreibe auf drei andere Arten.

a)
604
911

b)
300 + 5 + 60
10 + 9 + 700

c)
2Z 4H 3E
7E 8Z 1H

d)

2–4 Mehrsystemblöcke oder Einer, Zehner, Hunderter und Tausender (Beilagen 1 und 2) verwenden

1 Welche Subtraktionsaufgaben sind dargestellt? Was fällt dir auf?

 | 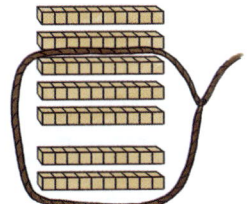 |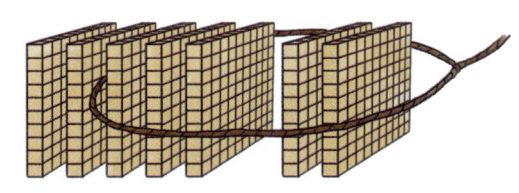

2 Finde passende Aufgaben mit Zehnern und Hundertern. Lege und rechne.

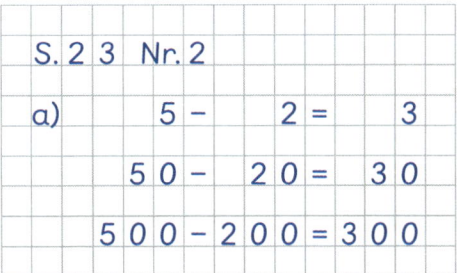

a) | 5 – | 2 = | 3
50 – | 20 = | 30
500 – 200 = 300

a) 5 – 2 = ▨

b) 8 – 4 = ▨

c) 4 – 3 = ▨

d) 9 – 6 = ▨

3

a)
580 – 3 = ▨
580 – 30 = ▨
580 – 300 = ▨

b)
860 – 5 = ▨
860 – 50 = ▨
860 – 500 = ▨

c)
431 – ▨ = 427
431 – ▨ = 391
431 – ▨ = 31

d)
683 – ▨ = 678
683 – ▨ = 633
683 – ▨ = 183

4

a)
▨ – 8 = 1
▨ – 80 = 10
▨ – 800 = 100

b)
▨ – 7 = 828
▨ – 70 = 765
▨ – 700 = 135

c)
▨ – 9 = 990
▨ – 90 = 909
▨ – 900 = 99

5

a)

–	100	300	500	600
620				
685				
971				

b)

–	120	240	350	
590				120
780				
		350		

6 Baue Rechenmauern mit den Zahlen.

a) 650  310 340

150 190 160

b) 68 90 298

138 160 70

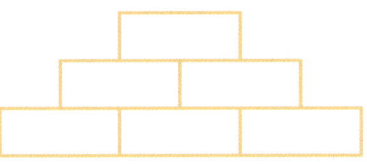

Addieren und subtrahieren üben

1 Lege und rechne.

a
417 + 300 = ▨
738 + 200 = ▨
65 + 700 = ▨

| 657 717 765 938 |

b
630 + 170 = ▨
350 + 550 = ▨
710 + 290 = ▨

| 700 800 900 1000 |

c
270 + 350 = ▨
630 + 180 = ▨
390 + 540 = ▨

| 620 750 810 930 |

d
540 + ▨ = 850
720 + ▨ = 980
540 + ▨ = 670

| 130 260 310 430 |

2 Lege und rechne.

a
536 − 200 = ▨
881 − 600 = ▨
465 − 300 = ▨

| 165 281 336 435 |

b
460 − 430 = ▨
920 − 810 = ▨
570 − 330 = ▨

| 10 30 110 240 |

c
600 − 550 = ▨
400 − 370 = ▨
700 − 610 = ▨

| 30 50 70 90 |

d
930 − ▨ = 420
870 − ▨ = 650
720 − ▨ = 100

| 220 390 510 620 |

3

a

+	5	50	55		550
400					
230				730	
	145				
325					

b

−	4	40	44	400	
760					
		840			
950					510
445					

4

a

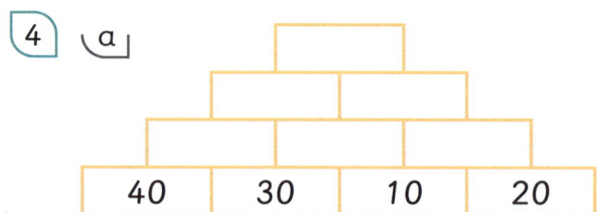

40   30   10   20

b

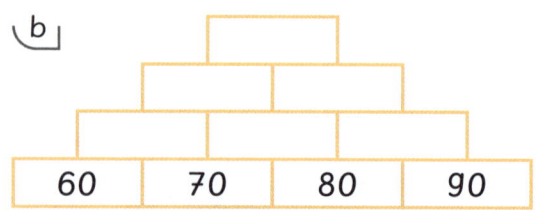

60   70   80   90

c

1000
400
200
100

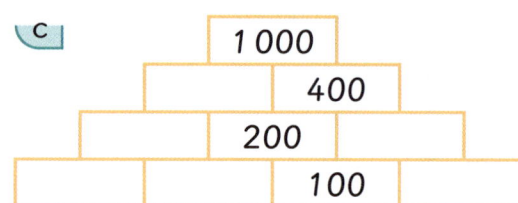

d

400
150   250
50

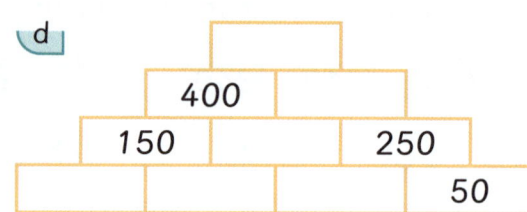

24

1,2 Mehrsystemblöcke oder Einer, Zehner, Hunderter und Tausender (Beilagen 1 und 2) verwenden;
Selbstkontrolle: Es bleibt jeweils eine Lösungszahl übrig

1

Mein Tausenderbuch

Name

1	2	3	4	5	6	7	8	9	10
11	12	13	14	15	16	17	18	19	20
21	22	23	24	25	26	27	28	29	30
31	32	33	34	35	36	37	38	39	40
41	42	43	44	45	46	47	48	49	50
51	52	53	54	55	56	57	58	59	60
61	62	63	64	65	66	67	68	69	70
71	72	73	74	75	76	77	78	79	80
81	82	83	84	85	86	87	88	89	90
91	92	93	94	95	96	97	98	99	100

Seite 1

101	102	103	104	105	106	107	108	109	110
111	112	113	114	115	116	117	118	119	120
121	122	123	124	125	126	127	128	129	130
131	132	133	134	135	136	137	138	139	140
141	142	143	144	145	146	147	148	149	150
151	152	153	154	155	156	157	158	159	160
161	162	163	164	165	166	167	168	169	170
171	172	173	174	175	176	177	178	179	180
181	182	183	184	185	186	187	188	189	190
191	192	193	194	195	196	197	198	199	200

Seite 2

201	202	203	204	205
211	212	213	214	215
221	222	223	224	225
231	232	233	234	235
241	242	243	244	245
251	252	253	254	255
261	262	263	264	265
271	272	273	274	275
281	282	283	284	285
291	292	293	294	295

Se

Stelle ein Tausenderbuch her und untersuche es.

- Wie viele Seiten mit Zahlen hat es?
- Wie viele Zahlen sind auf jeder Seite?
- Was haben die Zahlen auf einer Seite gemeinsam?
- Was bedeuten die dicken Linien?
- Wie heißen die Zahlen links oben auf jeder Seite?
- Wie heißen die Zahlen rechts unten auf jeder Seite?

2 Lies Zeilen und Spalten auf unterschiedlichen Seiten im Tausenderbuch.
Dein Partner kontrolliert.

3 Lest euch abwechselnd die Zahlen vor. Der Partner legt im Tausenderbuch
ein Plättchen auf jede Zahl. Was fällt euch auf?

a
250, 260, 270, 280

b
808, 818, 828, 838

c
313, 413, 513, 613

d
401, 412, 423, 434

e
545, 546, 555, 556

f
701, 710, 791, 800

4 Lege vier Plättchen auf unterschiedliche Zahlen in deinem Tausenderbuch.
Der Partner nennt alle verdeckten Zahlen.

5 Welche Zahlen müssten bei den Buchstaben stehen? Schreibe ins Heft.
Kontrolliere mit dem Tausenderbuch.

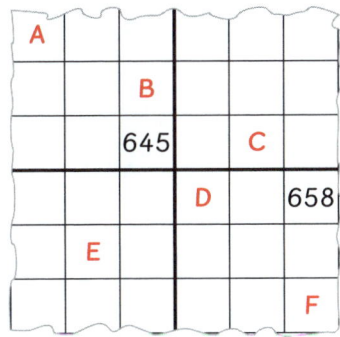

1

310		401	402	403	404	405	406	407	408	409	410		501	502	503	504	505	506	507	508	509	510		601
320		411	412	413	414	415	416	417	418	419	420		511	512	513	514	515	516	517	518	519	520		611
330		421	422	423	424	425	426	427	428	429	430		521	522	523	524	525	526	527	528	529	530		621
340		431	432	433	434	435	436	437	438	439	440		531	532	533	534	535	536	537	538	539	540		631
350		441	442	443	444	445	446	447	448	449	450		541	542	543	544	545	546	547	548	549	550		641
360		451	452	453	454	455	456	457	458	459	460		551	552	553	554	555	556	557	558	559	560		651
370		461	462	463	464	465	466	467	468	469	470		561	562	563	564	565	566	567	568	569	570		661
380		471	472	473	474	475	476	477	478	479	480		571	572	573	574	575	576	577	578	579	580		671
390		481	482	483	484	485	486	487	488	489	490		581	582	583	584	585	586	587	588	589	590		681
400		491	492	493	494	495	496	497	498	499	500		591	592	593	594	595	596	597	598	599	600		691

Seite 5   Seite 6

a

Schreibe zu jedem Pfeil eine passende Aufgabe.
Was stellst du fest?

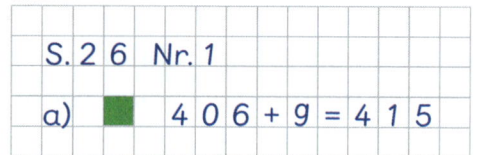

S. 2 6   Nr. 1

a) ▮   4 0 6 + 9 = 4 1 5

b

Bilde Sätze, die zu den Pfeilen passen.

| Ein Kästchen nach … bedeutet … | | Eine Seite weiter … bedeutet … |

| … unten … | | … links … | | … diagonal nach rechts oben … | | … |

| + 1 | | − 10 | | + 11 | | − 100 | | … |

c

Überprüfe die Sätze an mehreren Stellen im Tausenderbuch und stelle
deine Ergebnisse in einer Mathekonferenz vor.

2 Zeigt euch abwechselnd die Aufgaben im Tausenderbuch und löst sie.

a

412 + 1 = ▮
412 + 3 = ▮
412 + 8 = ▮

b

490 − 1 = ▮
490 − 4 = ▮
490 − 6 = ▮

c

502 + 10 = ▮
502 + 50 = ▮
502 + 90 = ▮

d

545 + 44 = ▮
545 − 22 = ▮
545 + 33 = ▮

3 Löse die Aufgaben und kontrolliere mit dem Tausenderbuch.

a

345 + 4 = ▮
352 + 6 = ▮
371 + 3 = ▮

b

710 − 6 = ▮
750 − 9 = ▮
770 − 5 = ▮

c

979 − 40 = ▮
956 − 30 = ▮
923 − 20 = ▮

d

81 + 410 = ▮
22 + 660 = ▮
35 + 520 = ▮

1 Welche Buchstaben gehören zu den Zahlen? Schreibe sie der Reihe nach auf.
Du erhältst fünf Wörter. Ein Wort passt nicht zu den anderen.
Unterstreiche es.

O		G	E	
	L		U	T
S		A	D	248
	F	255		K
	H		R	
I	Z		N	B

- 254 245 265 267 267 245 247
- 226 273 276 267 245 247
- 254 234 236 225 274 226 236 225
- 243 258 245 238 226 278 223 245 267 247
- 267 223 234 234 226 267

2 Zeichne die Ausschnitte ins Heft.
Trage die fehlenden Zahlen ein.

a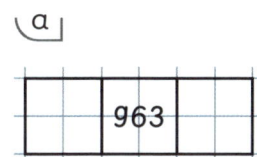

b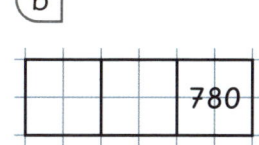

c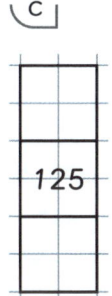

d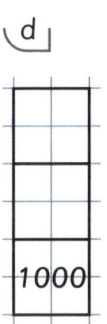

e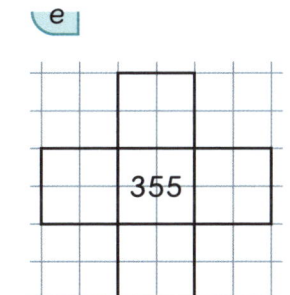

f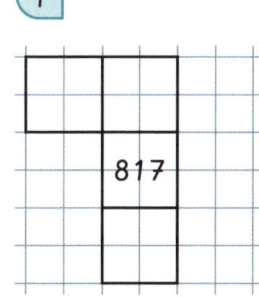

g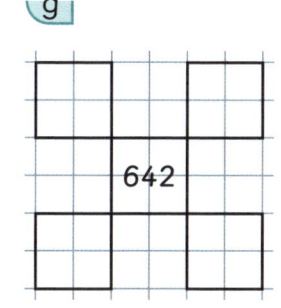

3 Löse im Kopf. Kontrolliere mit dem Tausenderbuch.

a

Starte bei 101. Gehe 2 Felder nach
rechts und 5 Felder nach unten.
Wo landest du?

b

Starte bei 750. Gehe 5 Felder nach
unten und 7 Felder nach links.
Wo landest du?

4 Rechne von der Zahl zu den Buchstaben. Kontrolliere mit dem Tausenderbuch.

	C		
A	858	B	
		D	

		E	
	G		
		777	
	H	F	

	J		
K		I	
			L
	532		

S. 27 Nr. 4
A: 8 5 8 − 2 = 8 5 6
B: 8 5 8 +

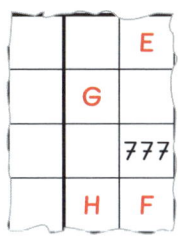

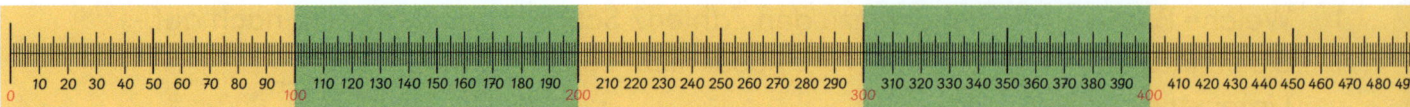

1 Untersuche den Zahlenstrahl und beschreibe ihn.
Beachte die Striche und die Farben.

2 Zeigt die Zahlen am Zahlenstrahl und lest sie laut.

a) 0, 50, 100, 150, …
b) 70, 170, 270, 370, …
c) 920, 820, 720, 620, …
d) 790, 730, 670, 610, …

3 Zeige die Zahlen am Zahlenstrahl. Dein Partner kontrolliert.

a	b	c	d	e
125	333	686	879	167
145	363	656	849	572
185	393	606	819	998

4 Ordne die Zahlen nach der Größe. Beginne mit der kleinsten Zahl.
Kontrolliere mit dem Zahlenstrahl.

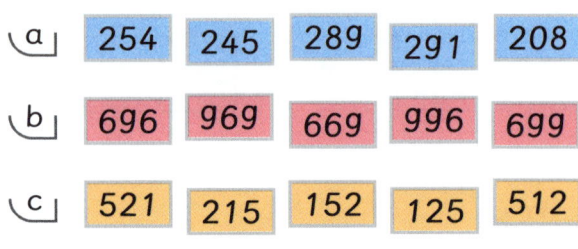

a) 254 245 289 291 208
b) 696 969 669 996 699
c) 521 215 152 125 512

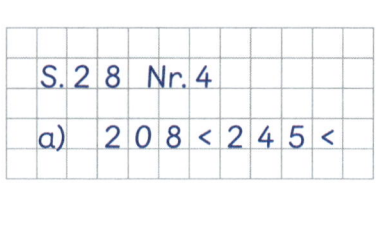

S. 28 Nr. 4
a) 2 0 8 < 2 4 5 <

5 Vergleiche die Zahlen. Setze >, < oder = ein.

a	b	c	d	e
380 ● 830	742 ● 724	395 ● 593	464 ● 446	450 ● 540
720 ● 720	369 ● 396	842 ● 284	552 ● 525	530 ● 503

6

8 · 2 = 16	7 · 4 = 28	10 · 8 = 80	5 · 5 = 25	9 · 3 = 27
0 · 10 = 0	3 · 5 = 15	1 · 7 = 7	2 · 3 = 6	5 · 8 = 40
6 · 3 = 18	9 · 6 = 54	3 · 9 = 27	7 · 10 = 70	8 · 9 = 72

Ggf. Wand-Zahlenstrahl als Klassenprojekt herstellen (Anleitung siehe Handbuch)
1–5 Zahlenstrahl (Beilage 4) verwenden
6 Stoppuhr oder Sanduhr verwenden

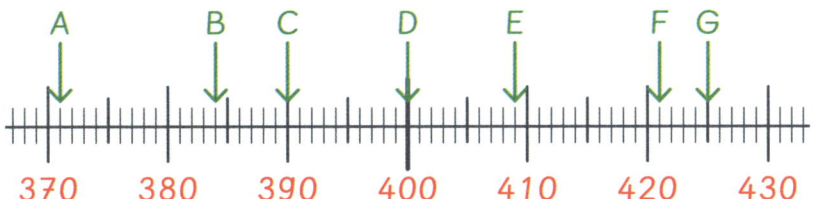

510 520 530 540 550 560 570 580 590 | 600 | 610 620 630 640 650 660 670 680 690 | 700 | 710 720 730 740 750 760 770 780 790 | 800 | 810 820 830 840 850 860 870 880 890 | 900 | 910 920 930 940 950 960 970 980 990 | 1000

7 Welche Zahlen gehören zu den Buchstaben?
Schreibe sie mit Vorgänger (V) und Nachfolger (N) auf.

A   B   C   D   E   F   G

370   380   390   400   410   420   430

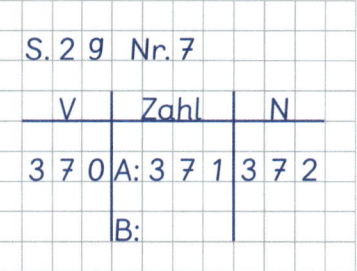

S. 2 9 Nr. 7		
V	Zahl	N
3 7 0	A: 3 7 1	3 7 2
	B:	

8 Suche die Zahlen am Zahlenstrahl.
Zwischen welchen Zehnern liegen sie?

a) 228   b) 853   c) 935

d) 240   e) 407   f) 999

S. 2 9 Nr. 8		
a) 2 2 0 < 2 2 8 < 2 3 0		

100 und 200 sind die
Nachbarhunderter von 119.

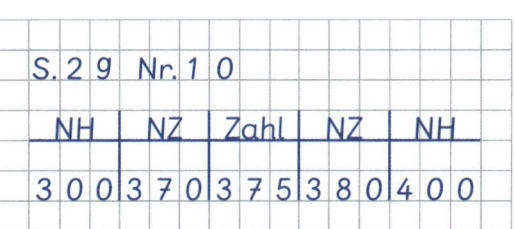

9 Suche die Zahlen am Zahlenstrahl.
Zwischen welchen Hundertern liegen sie?

a) 119   b) 581   c) 796

d) 347   e) 600   f) 74

S. 2 9 Nr. 9		
a) 1 0 0 < 1 1 9 < 2 0 0		

10 Schreibe die Zahlen in eine Tabelle.
Finde Nachbarzehner (NZ)
und Nachbarhunderter (NH).

375   258   194   615   231   783

S. 2 9 Nr. 1 0				
NH	NZ	Zahl	NZ	NH
3 0 0	3 7 0	3 7 5	3 8 0	4 0 0

11 485   143   876   510   239   702

Rechne zu beiden Nachbarzehnern.   Rechne zu beiden Nachbarhundertern.

Schreibe so: a) 485 − 5 = 480   Schreibe so: b) 485 − 85 = 400
                485 + 5 = 490   485 + 15 = 500

Zahlenfolgen

1

Finde die Regel und setze die Zahlenfolgen fort.
Kontrolliere mit dem Zahlenstrahl.

a) 400, 420, 440, 460, ... 620

b) 900, 860, 820, 780, ... 460

c) 340, 390, 440, 490, ... 890

d) 1 000, 930, 860, 790, ... 230

e) 245, 250, 265, 270, ... 350

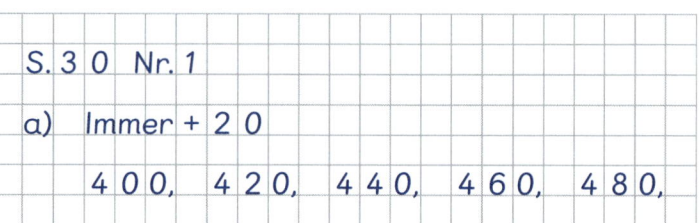

S. 3 0 Nr. 1

a) Immer + 2 0

4 0 0, 4 2 0, 4 4 0, 4 6 0, 4 8 0,

2 Finde zu jeder Regel eine Zahlenfolge. Schreibe jeweils 10 Zahlen auf.

? Dein Partner kontrolliert mit dem Zahlenstrahl.

a) Immer +60

b) Immer −15

c) Immer +45

d) Immer +25 und −20

e) Immer −8 und +40

f) Immer −60 und +6

3 Finde die Fehler in den Zahlenfolgen und schreibe sie richtig ins Heft.

a) 930, 820, 710, 600, 490, 370

b) 160, 310, 460, 620, 760, 910

c) 850, 843, 837, 829, 822, 815

d) 600, 595, 585, 570, 550, 530

4 Erfinde Zahlenfolgen. Dein Partner findet die Regel.

?

5 Bilde mit den Ziffernkarten dreistellige Zahlen. Finde alle Möglichkeiten.
Ordne die Zahlen nach der Größe. Beginne mit der kleinsten Zahl.

a) 6 9 3

b) 5 0 4

c) 3 3 7

S. 3 0 Nr. 5

a) 3 6 9 < 3 9 6 < 6 3 9 <

1,2 Zahlenstrahl (Beilage 4) verwenden
5 Kopiervorlage verwenden

Zahlen runden

1 Wer hat recht? Begründe deine Vermutung mit dem Zahlenstrahl.

An der Schule sind rund 100 Schülerinnen und Schüler.

Nein, an der Schule sind rund 200 Schülerinnen und Schüler.

≈ bedeutet „rund"

Gartenschule
173 Schülerinnen und Schüler
12 Lehrerinnen und Lehrer

Jule

Gor

2 Zwischen welchen Hundertern liegen die Zahlen? Unterstreiche den Hunderter, der näher liegt.

a) 520 b) 349 c) 799

d) 907 e) 686 f) 450

S. 31 Nr. 2

a) 5 0 0 < 5 2 0 < 6 0 0

3 Runde die Zahlen zu vollen Hundertern. Kontrolliere mit dem Zahlenstrahl.
Schreibe so: a) 325 ≈ 300

a) 325 b) 465 c) 507

d) 150 e) 639 f) 294

Zu Hundertern runden

- Es wird immer zum näheren Nachbarhunderter gerundet.
- Ist es zu beiden Nachbarhundertern gleich weit, wird zum größeren Nachbarhunderter gerundet.

4 Zwischen welchen Zehnern liegen die Zahlen? Unterstreiche den Zehner, der näher liegt.

a) 286 b) 424 c) 719

d) 997 e) 603 f) 991

S. 31 Nr. 4

a) 2 8 0 < 2 8 6 < 2 9 0

5 Runde die Zahlen zu vollen Zehnern. Kontrolliere mit dem Zahlenstrahl.
Schreibe so: a) 249 ≈ 250

a) 249 b) 521 c) 642

d) 107 e) 845 f) 193

Zu Zehnern runden

- Es wird immer zum näheren Nachbarzehner gerundet.
- Ist es zu beiden Nachbarzehnern gleich weit, wird zum größeren Nachbarzehner gerundet.

1   Was kann man im Möbelgeschäft alles kaufen?
   Wie teuer ist es? Erzähle.

2   Familie Knapp braucht für das Kinderzimmer ein Regal und ein Bett.

a

Runde die Preise für alle Regale und alle Betten zu vollen Zehnern.

S. 3 2   Nr. 2
a)   Regal 2-teilig: 1 8 9 € ≈ 1 9 0 €

b

Welches Bett und welches Regal kann die Familie kaufen, wenn sie höchstens 500 € ausgeben möchte? Rechne mit den gerundeten Zahlen einen Überschlag. Finde mehrere Möglichkeiten.

S. 3 2   Nr. 2
b)   Regal 2-teilig und Bett
Ü: 1 9 0 € + 1 5 0 € = 3 4 0 €

3   Wie viel Euro kosten diese Möbel etwa? Runde die Preise und rechne einen Überschlag.

a   Bett und Hocker

b   Schreibtisch und Stuhl

c   Schrank 3-türig, Lampe und Bett

d   Regal 2-teilig, Hochbett und Hocker

4   Du hast 300 €. Was würdest du kaufen? Wähle aus und rechne einen Überschlag. Vergleiche mit deinem Partner.

1   **b**

Setze einen Spiegel auf die roten Linien. Was stellst du fest?

Wie viele Symmetrieachsen haben diese Verkehrszeichen? Kontrolliere mit einem Spiegel.

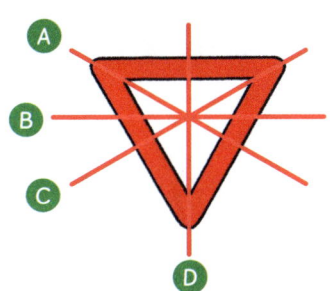

> Symmetrieachse = Spiegelachse

2 Wann ist eine Figur symmetrisch? Erkläre.

| Der Abstand zur Symmetrieachse ist immer ... | ... links und rechts ... |

| ... Kontrolle mit ... | Die Länge der Linien ... |

3

Zeichne die Figuren auf Karopapier. Schneide sie aus und überprüfe durch Spiegeln oder Falten, ob sie symmetrisch sind.

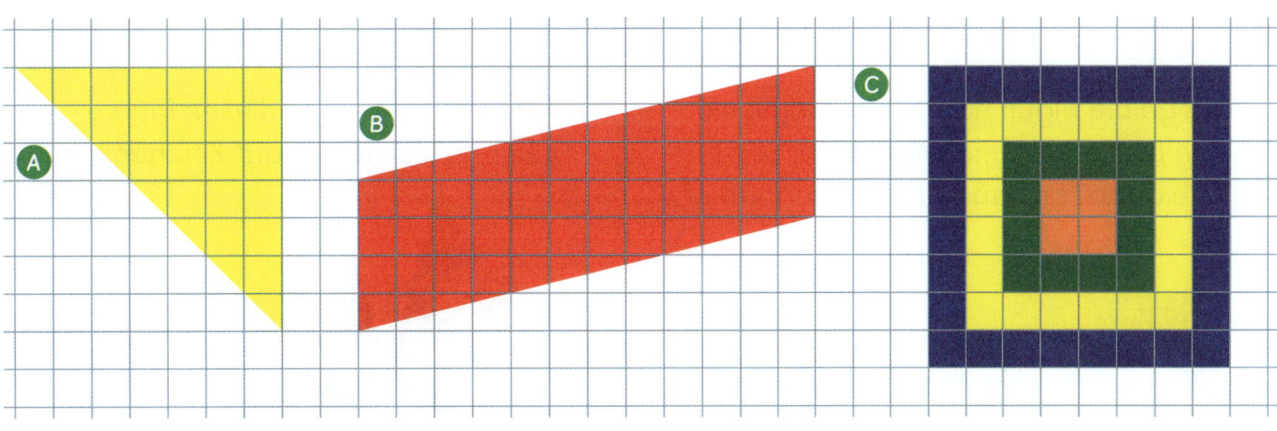

Zeichne alle Symmetrieachsen ein.

4

Zeichne die Figuren ab und ergänze sie symmetrisch.

Zeichne weitere Symmetrieachsen ein.

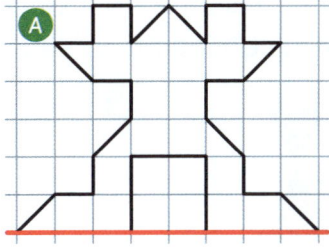 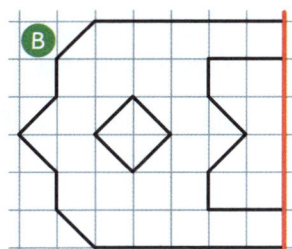

Symmetrie

1 Lege mit Plättchen ein Muster an eine rote Linie. Dein Partner ergänzt das Muster symmetrisch.

2 a

Lege die Figuren nach und ergänze sie symmetrisch. Zeichne sie dann freihand auf Zeichenpapier.

  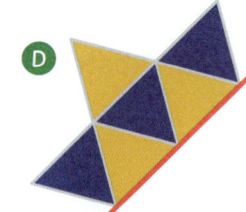

b

Zeichne noch weitere Symmetrieachsen ein.

c ?

Erfinde eigene symmetrische Figuren und zeichne sie freihand auf Zeichenpapier.

3 a

Lege die Figur nach und spiegle sie an beiden Symmetrieachsen. Zeichne sie dann freihand auf Zeichenpapier.

b

Finde die Fehler in dieser Figur. Zeichne sie richtig auf Zeichenpapier.

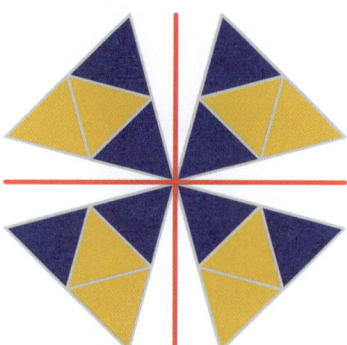

4 Lege die Figuren nach. Zeichne sie freihand auf Zeichenpapier. Zeichne dann alle Symmetrieachsen ein.

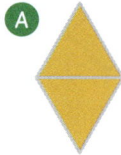   

1 Untersuche die Buchstaben mit einem Spiegel. Welche Buchstaben sind symmetrisch?
Zeichne sie mit den Symmetrieachsen ins Heft.

A B C D E F G H I J K L M N
O P Q R S T U V W X Y Z

2

Lies die Wörter mit dem Spiegel.
Schreibe sie ins Heft und zeichne die Symmetrieachsen ein.

b  ?

Finde weitere Wörter, die man spiegeln kann.
Schreibe sie auf und verdecke eine Seite. Dein Partner muss sie lesen.

3 Bastle symmetrische Karten.

Du brauchst:
- DIN-A5- und DIN-A6-Papier in verschiedenen Farben, Schere und Kleber

So gehst du vor:
- Schneide beim DIN-A6-Papier am Rand der längeren Seite eine halbe Figur aus (z. B. halbes Herz, halber Stern oder halbes Blatt).
- Klebe das DIN-A6-Papier bündig auf das DIN-A5-Papier.
- Klebe die ausgeschnittene Figur so auf das DIN-A5-Papier, dass eine ganze Figur entsteht.

Geld – Kommaschreibweise

1 Lies die Preise. Was bedeutet das Komma?

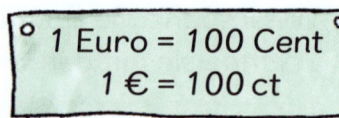

° 1 Euro = 100 Cent
1 € = 100 ct

 A

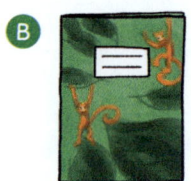 B

 C

 D

| 9,30 € | 0,30 € | 1,95 € | 18,60 € |

2 Lege jeden Preis von Aufgabe 1 mit Spielgeld. Verwende möglichst wenig Scheine und Münzen. Schreibe auf.

S. 3 6   Nr. 2

A: 9 , 3 0 € = 5 € + 2 € + 2 € + 2 0 ct + 1 0 ct

Das Komma trennt Euro und Cent.

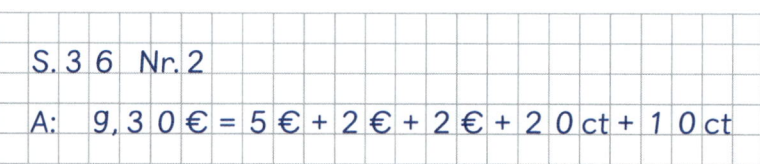

3 Trage die Geldbeträge in eine Tabelle ein und schreibe sie mit Komma auf.

a	b	c
3 € 57 ct	6 €	4 ct
8 € 26 ct	12 €	277 ct
10 € 39 ct	85 €	81 ct
14 € 10 ct	45 ct	120 ct
32 € 90 ct	99 ct	1 000 ct

S. 3 6   Nr. 3

a)

10 €	1 €	10 ct	1 ct
	3	5	7	= 3, 5 7 €

4 Schreibe die Geldbeträge auf zwei andere Arten.

a	b	c
6,45 €	7 € 89 ct	520 ct
3,07 €	0 € 10 ct	601 ct
9,93 €	4 € 5 ct	850 ct
10,10 €	8 € 8 ct	1 000 ct

S. 3 6   Nr. 4

a)   6 , 4 5 € = 6 € 4 5 ct = 6 4 5 ct

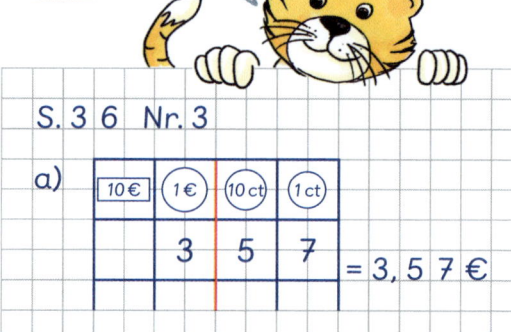

5 Ordne nach der Größe. Beginne mit dem kleinsten Geldbetrag.

a)

| 5,85 € | 2,11 € | 17,05 € | 0,75 € | 9,99 € |

b)

| 3 € 50 ct | 10,80 € | 8 € 10 ct | 10,01 € | 1 000 ct |

c)

| 7,50 € | 7 € 55 ct | 745 ct | 7,05 € | 7 € 15 ct |

2 Spielgeld (Beilagen 6 und 7) verwenden
3 Ggf. Kopiervorlage verwenden

Geldbeträge runden und überschlagen

1 Wie kann Taio schnell herausfinden, ob 10 € reichen? Erkläre.

2 Schreibe zu jedem Betrag den kleineren und den größeren vollen Eurobetrag.
Unterstreiche den Betrag, der näher liegt.

⌐a⌐	⌐b⌐	⌐c⌐	⌐d⌐	
5,55 €	0,80 €	40,99 €	111,10 €	S. 3 7 Nr. 2
8,25 €	4,51 €	23,30 €	199,75 €	a) 5 € < 5,5 5 € < 6 €

3 Runde zu vollen Eurobeträgen.

⌐a⌐	⌐b⌐	⌐c⌐	⌐d⌐	
4,10 €	35,85 €	0,70 €	135,40 €	S. 3 7 Nr. 3
8,90 €	61,50 €	0,10 €	178,60 €	a) 4,1 0 € ≈ 4 €

4 Runde zu vollen Zehner-Eurobeträgen.

⌐a⌐	⌐b⌐	⌐c⌐	⌐d⌐	
66 €	21 €	156 €	23,50 €	S. 3 7 Nr. 4
79 €	55 €	381 €	88,10 €	a) 6 6 € ≈ 7 0 €

5 Wie viel kostet es etwa?
Runde die Geldbeträge
und rechne einen Überschlag.
Immer zwei gerundete Preise passen. Begründe.

> Zu Einern oder zu Zehnern runden?
> So wie ich besser rechnen kann.

⌐a⌐	⌐b⌐	⌐c⌐
23,70 €	17,40 €	22,80 €
32,10 €	43,30 €	0,75 €
19,50 €	14,99 €	47,30 €

rund 71 €	rund 76 €
rund 75 €	rund 70 €

1

a	b	c	d
46 + 3 = ▨	38 + 5 = ▨	570 − 4 = ▨	621 − 6 = ▨
46 + 30 = ▨	38 + 50 = ▨	570 − 40 = ▨	621 − 60 = ▨
46 + 300 = ▨	38 + 500 = ▨	570 − 400 = ▨	621 − 600 = ▨

2 Schreibe die Zahlen auf, die bei den Buchstaben A bis E stehen müssten.

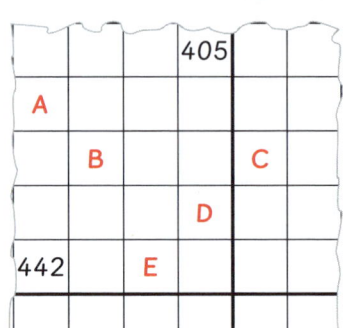

3 a

Ordne die Zahlen nach der Größe.

82   603   210   971   748

b

Trage die Zahlen in eine Tabelle ein und ergänze.

V	Zahl	N
	82	

4

NH	NZ	Zahl	NZ	NH
		545		
		284		
		632		

 a Zeichne die Tabelle ab und ergänze.

b Rechne zu beiden Nachbarzehnern.

c Rechne zu beiden Nachbarhundertern.

5 Runde jede Zahl zu vollen Zehnern und zu vollen Hundertern.

a 347   b 955   c 466   d 802

6 Finde die Regel und setze die Zahlenfolgen fort.

a 40, 70, 100, 130, … 280   b 915, 865, 815, 765, … 515

7 Schreibe die Geldbeträge auf zwei andere Arten.

a	b	c	d
5,85 €	4 € 99 ct	646 ct	999 ct
7,07 €	6 € 5 ct	202 ct	1 001 ct

8 a

Zeichne ab und ergänze symmetrisch.

b

Zeichne weitere Symmetrieachsen ein.

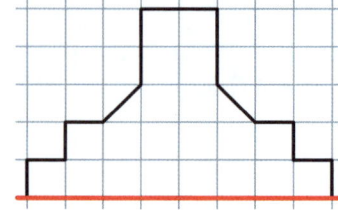

1 Wenn die Sonne von hinten durch die Gitter scheint,
dann ist ein Schatten zu sehen.
Welcher Schatten gehört zu welchem Gitter? Ordne zu.

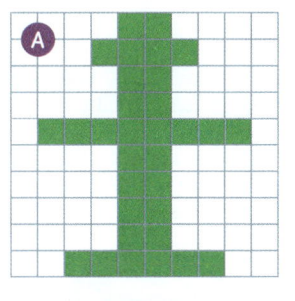   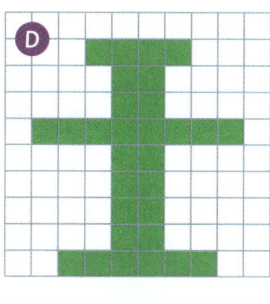

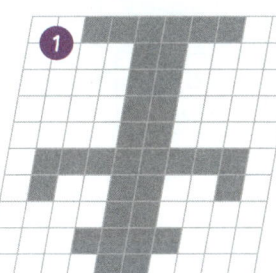 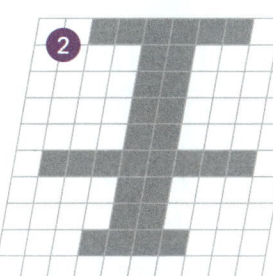 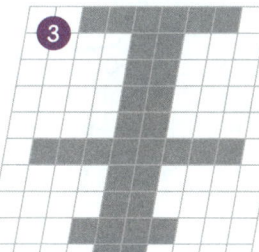 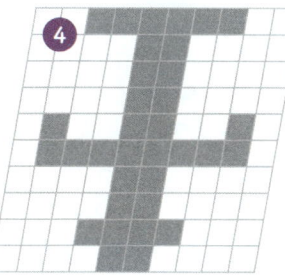

2 Zeichne Schatten zu den Bildern.

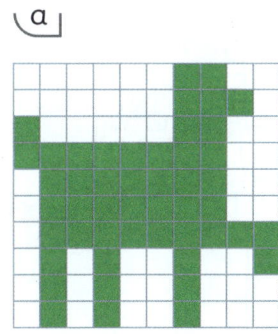 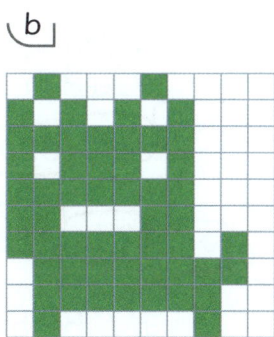 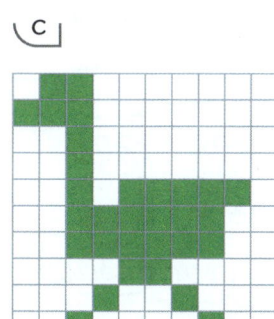 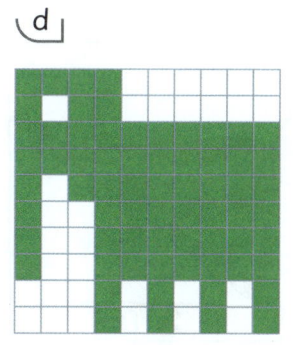

3 Zeichne Bilder, die zu den Schatten passen. Was kannst du erkennen?

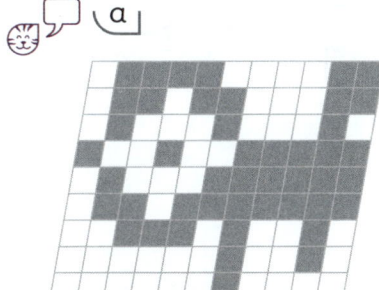 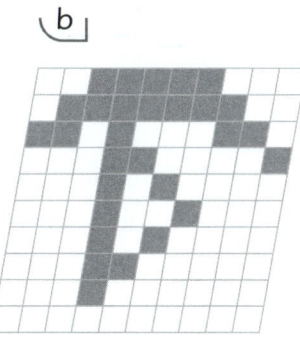 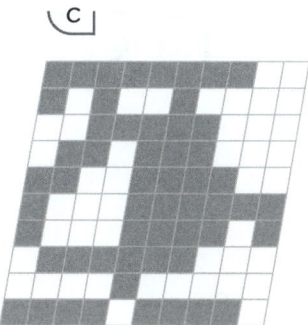

4 Zeichne ein eigenes Bild in ein Gitter.
? Dein Partner zeichnet den Schatten dazu.

Hinauf zur 1 000 – Würfelspiel

Hinauf zur 1 000

Spiel für 2 Kinder

Ihr braucht: 1 Würfel, je 1 Spielstein

Spielregeln:
- Beginnt bei 200. Würfelt abwechselnd und befolgt die Würfelregeln.
- Sieger ist, wer zuerst 1 000 erreicht.

·	Rücke um 1 H vor.
··	Gehe um 4 Z zurück.
···	Rücke zum nächsten H vor.
::	Gehe zu 630.
::·	Rücke um 8 Z weiter.
:::	Vertausche H und Z (z. B. 280 → 820).

MATHETIGER 3

Heft 2

Herausgegeben von

Thomas Laubis

Erarbeitet von

Matthias Heidenreich

Thomas Laubis

Eva Schnitzer

Unter Beratung von

Carina Benner

Rebecca Knapp

Karin Seidel

Mildenberger

Inhaltsverzeichnis

Über den Hunderter mit Zehnern und Einern

1

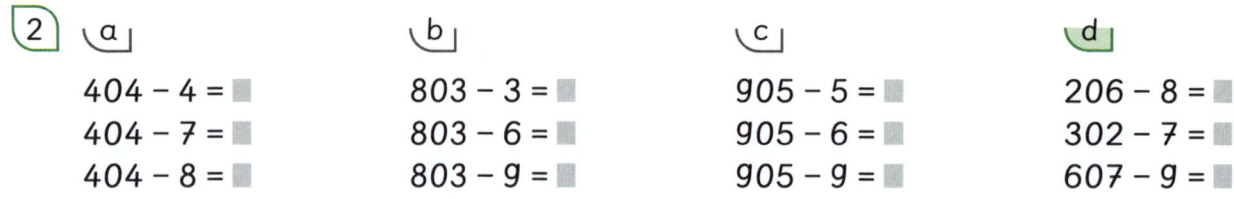

380   390   400   410   420

Zeige die Aufgaben am Zahlenstrahl und löse sie.

a	b	c	d
395 + 5 = ▨	698 + 2 = ▨	799 + 1 = ▨	497 + 6 = ▨
395 + 7 = ▨	698 + 6 = ▨	799 + 4 = ▨	296 + 9 = ▨
395 + 9 = ▨	698 + 8 = ▨	799 + 6 = ▨	893 + 8 = ▨

2

a	b	c	d
404 – 4 = ▨	803 – 3 = ▨	905 – 5 = ▨	206 – 8 = ▨
404 – 7 = ▨	803 – 6 = ▨	905 – 6 = ▨	302 – 7 = ▨
404 – 8 = ▨	803 – 9 = ▨	905 – 9 = ▨	607 – 9 = ▨

3

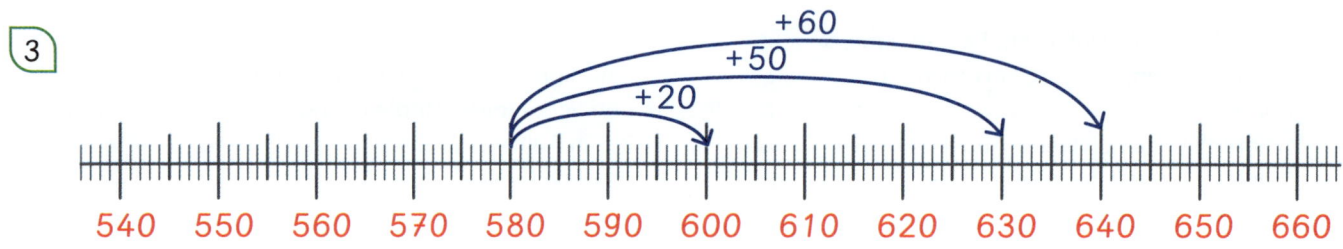

540 550 560 570 580 590 600 610 620 630 640 650 660

Zeige die Aufgaben am Zahlenstrahl und löse sie.

a	b	c	d
580 + 20 = ▨	250 + 50 = ▨	470 + 40 = ▨	750 + 60 = ▨
580 + 50 = ▨	250 + 70 = ▨	475 + 40 = ▨	753 + 60 = ▨
580 + 60 = ▨	250 + 80 = ▨	479 + 40 = ▨	758 + 60 = ▨

4

a	b	c	d
620 – 20 = ▨	830 – 30 = ▨	330 – 50 = ▨	240 – 70 = ▨
620 – 30 = ▨	830 – 60 = ▨	334 – 50 = ▨	246 – 70 = ▨
620 – 50 = ▨	830 – 80 = ▨	337 – 50 = ▨	248 – 70 = ▨

5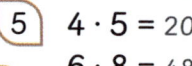

4 · 5 = 20	2 · 6 = 12	6 · 5 = 30	7 · 7 = 49	5 · 9 = 45
6 · 8 = 48	7 · 3 = 21	5 · 7 = 35	4 · 6 = 24	4 · 2 = 8
8 · 4 = 32	9 · 4 = 36	3 · 6 = 18	3 · 8 = 24	10 · 10 = 100

Addieren zweistelliger Zahlen

 a)

 Löse die Aufgabe 246 + 65. Stelle deinen Rechenweg in einer Mathekonferenz vor.

b)

Erkläre, wie die Kinder rechnen. Vergleiche mit deinem Rechenweg.

Emma
246 + 65 = 311
246 + 60 = 306
306 + 5 = 311

246 + 65

246, 306, 311

Mia

Hamid
246 + 65 = 311
240 + 60 = 300
  6 + 5 = 11
300 + 11 = 311

Lisa
+65
+60   +5
246   306 311

Finn
246 + 65 = 311
246 + 5 = 251
251 + 60 = 311

2) Rechne wie die Kinder.

a) Emma	**b) Hamid**	**c) Lisa**	**d) Finn**	**e) Mia**
157 + 71 = ▨	419 + 95 = ▨	284 + 36 = ▨	823 + 89 = ▨	212 + 92 = ▨
474 + 47 = ▨	855 + 78 = ▨	797 + 25 = ▨	365 + 52 = ▨	855 + 76 = ▨

3) Rechne mit deinem Weg.

a)	**b)**	**c)**	**d)**
674 + 46 = ▨	586 + 55 = ▨	737 + 49 = ▨	845 + 77 = ▨
342 + 89 = ▨	267 + 36 = ▨	185 + 62 = ▨	699 + 24 = ▨
431 720 860	303 631 641	237 247 786	723 733 922

4) Schau dir die Zahlen genau an. Rechne dann mit einem Rechentrick.

Ich rechne zuerst 425 + 80 und dann − 1.

Luis

a)	**b)**	**c)**
425 + 79 = ▨	186 + 38 = ▨	679 + 24 = ▨
372 + 59 = ▨	543 + 98 = ▨	869 + 45 = ▨

a

Löse die Aufgabe 423 − 86. Stelle deinen Rechenweg in einer Mathekonferenz vor.

b

Erkläre, wie die Kinder rechnen. Vergleiche mit deinem Rechenweg.

2 Rechne wie die Kinder.

a Emma	**b** Lisa	**c** Finn	**d** Mia
615 − 48 = ▦	865 − 88 = ▦	536 − 52 = ▦	912 − 24 = ▦
251 − 93 = ▦	602 − 17 = ▦	743 − 76 = ▦	521 − 36 = ▦

3 Rechne mit deinem Weg.

a	**b**	**c**	**d**
542 − 64 = ▦	355 − 78 = ▦	411 − 83 = ▦	632 − 65 = ▦
836 − 57 = ▦	901 − 26 = ▦	263 − 49 = ▦	950 − 79 = ▦
478 593 779	267 277 875	214 328 497	262 567 871

4 Schau dir die Zahlen genau an. Rechne dann mit einem Rechentrick.

 Ich rechne zuerst 400 − 53 und dann + 1.

a	**b**	**c**
401 − 53 = ▦	798 − 62 = ▦	650 − 89 = ▦
599 − 84 = ▦	302 − 75 = ▦	910 − 49 = ▦

Luis

Addieren und subtrahieren üben

1

a
125 + ■ = 200
269 + ■ = 300
342 + ■ = 400

b
789 + ■ = 800
603 + ■ = 700
566 + ■ = 600

c
831 + ■ = 900
478 + ■ = 500
917 + ■ = 1 000

d
255 + ■ = 400
596 + ■ = 800
122 + ■ = 500

2

a
300 − ■ = 265
400 − ■ = 382
500 − ■ = 431

b
200 − ■ = 193
600 − ■ = 526
800 − ■ = 709

c
900 − ■ = 844
700 − ■ = 617
1 000 − ■ = 958

d
500 − ■ = 386
800 − ■ = 521
600 − ■ = 195

3 Löse mit der Umkehraufgabe.

a
■ + 71 = 184
■ + 58 = 979
■ + 83 = 595

b
■ + 62 = 247
■ + 38 = 626
■ + 74 = 456

c
■ − 45 = 771
■ − 28 = 284
■ − 97 = 862

```
S. 7  Nr. 3
a)   1 8 4 − 7 1 =
     1 8 4 − 7 0 = 1 1 4
     1 1 4 −     1 =
```

4 Finde die Fehler und beschreibe sie. Rechne dann richtig.

a
327 + 64 = 364
300 + 60 = 360
360 +   4 = 364

b
635 − 89 = 544
635 − 90 = 545
545 −   1 = 544

… addiert statt subtrahiert …

… Zehner und Einer vergessen …

c
268 − 46 = 234
268 −   6 = 274
274 − 40 = 234

d
843 + 97 = 937
840 + 90 = 930
930 +   7 = 937

… Einer vergessen …

… subtrahiert statt addiert …

5 Welche Zahlen haben sich die Kinder gedacht? Löse mit einem Pfeilbild.

a

Jule denkt sich eine Zahl.
Sie addiert 7, subtrahiert dann 50
und erhält 255.

b

Gor denkt sich eine Zahl. Er subtrahiert 80, addiert dann 450 und subtrahiert zum Schluss 310. Er erhält 500.

6 Erfinde eigene Zahlenrätsel. Dein Partner löst sie.

?

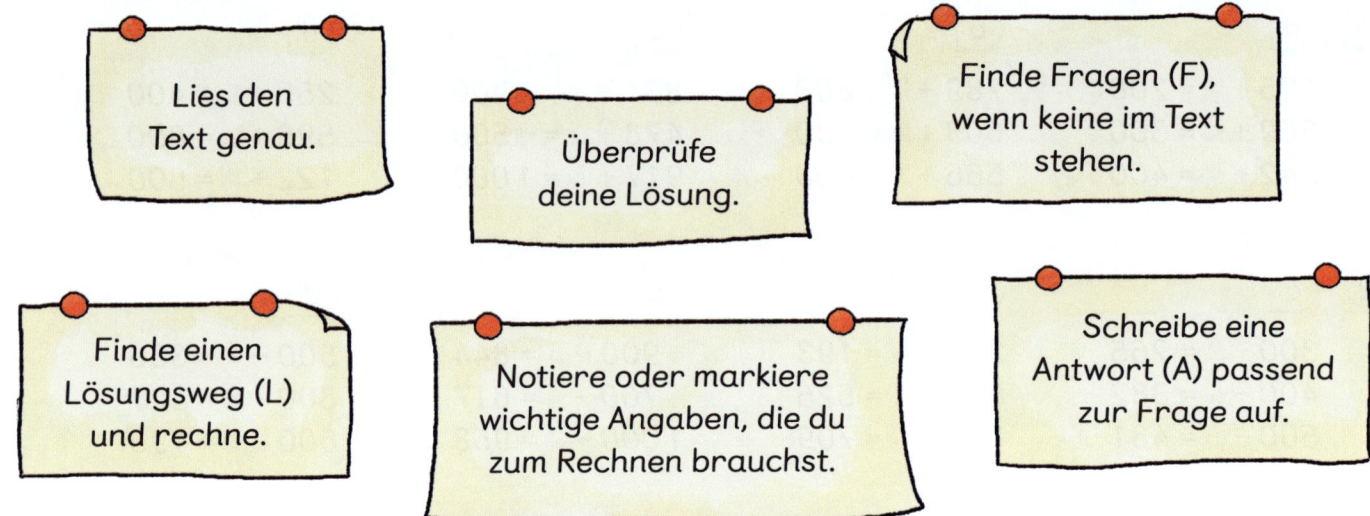

1 **a**

Wie gehst du beim Lösen von Sachaufgaben vor?
Ordne die Karten in der richtigen Reihenfolge und vergleiche mit deinem Partner.

b

Notiert die Lösungsschritte auf einem Plakat.

2 Löst die Aufgaben.
Beachtet die Lösungsschritte.

a

Die Talschule besuchen 261 Kinder.
Die 73 Drittklässler machen heute
einen Ausflug in den Zoo.
Der Ausflug dauert 5 h 30 min.

S. 8	Nr. 2					
a)	F: Wie viele Kinder sind noch in der Schule?					
	Talschule:	2	6	1	Kinder	
	Im Zoo:		7	3	Kinder	
	L:					

b

Um 9.00 Uhr kommt der Bus am Zoo an. Der Eintritt kostet 6 € pro Kind und
12 € pro Erwachsenen. Für die Karten der 73 Kinder bezahlt die Lehrerin 438 €.
Die Karten für die 8 Begleitpersonen kosten insgesamt 96 €.

c

Die Fütterung der Pinguine beginnt um 11 Uhr. Die Tierpfleger verfüttern
ungefähr 160 Fische. Zur Fütterung kommen 153 Zuschauer. 65 Zuschauer sind
Erwachsene.

d

Der Zoo hat eine Spende von 1 000 € bekommen. Davon wird der Zaun des
Ziegengeheges für 756 € repariert. Das Ziegengehege ist 120 m breit und 310 m
lang. Außerdem sollen zwei Ziegen gekauft werden. Jede Ziege kostet 80 €.

1 Ggf. Kopiervorlage verwenden

Der ICE 3 ist der schnellste Reisezug der Deutschen Bahn.

ICE 3

Zuglänge	ca. 202 m
Anzahl der Endwagen	2
Anzahl der Mittelwagen	6
Länge der Mittelwagen	ca. 25 m
Sitzplätze 1. Klasse	93
Sitzplätze 2. Klasse	338
Höchstgeschwindigkeit	300 km/h
Leermasse	435 000 kg

1

a
Was könnt ihr auf der Karte über den ICE 3 erfahren?

b
Sammelt weitere Informationen zu dem Zug. Gestaltet ein Plakat und präsentiert eure Ergebnisse der Klasse.

2 Überlege dir Fragen zu dem Zug. Dein Partner beantwortet sie.

?

| … Sitzplätze insgesamt … | … Länge ohne Endwagen … | … Anzahl der Wagen … |

| … mehr Sitzplätze in der 2. Klasse … | … Länge eines Endwagens … |

3 Löse die Aufgaben. Beachte die Lösungsschritte von Seite 8.
Eine Aufgabe ist nicht lösbar.

a
Im ICE 3 nach Berlin sitzen insgesamt 344 Personen. Wie viele Plätze sind noch frei?

b
Im ICE 3 nach München sind noch 67 Plätze frei. Wie viele Personen sitzen im Zug?

c
293 Personen sitzen im ICE 3 nach Mannheim. In Freiburg steigen 38 Personen ein. Wie viele Personen sind dann im Zug?

d
Auf dem Weg nach Köln sitzen 235 Personen im Zug. In Karlsruhe steigen 28 Personen ein und 12 Personen aus. Wie viele Kinder sind im Zug?

e
Jeden Freitagnachmittag fährt um 14.20 Uhr ein ICE 3 von Basel nach Berlin Hauptbahnhof. Ankunft in Berlin ist um 21.30 Uhr. Der Zug hält unterwegs 14-mal. Bei der Abfahrt in Basel sind 344 Personen im Zug. In der 1. Klasse sind nur noch 35 Plätze frei.

f
Zu jeder vollen Stunde fährt ein ICE von Hamburg nach München. Der Zug benötigt 6 h für die Fahrt. Für die Strecke werden zwei ICE 3-Züge hintereinander gehängt. Der Zug ist dann doppelt so lang und kann doppelt so viele Fahrgäste befördern.

Ave class 102

Zuglänge	ca. 198 m
Anzahl der Endwagen	2
Anzahl der Mittelwagen	12
Länge der Endwagen	ca. ✹ m
Länge der Mittelwagen	ca. 13 m
Sitzplätze 1. und 2. Klasse	353
Höchstgeschwindigkeit	330 km/h
Leermasse	332 000 kg

TGV Réseau

Zuglänge	ca. ✹ m
Anzahl der Endwagen	2
Anzahl der Mittelwagen	8
Länge der Endwagen	ca. 23 m
Länge der Mittelwagen	ca. 19 m
Sitzplätze 1. Klasse	81
Sitzplätze 2. Klasse	297
Sitzplätze insgesamt	✹
Höchstgeschwindigkeit	320 km/h
Leermasse	386 000 kg

Shinkansen H5

Zuglänge	ca. ✹ m
Anzahl der Endwagen	2
Anzahl der Mittelwagen	8
Länge der Endwagen	ca. 26,5 m
Länge der Mittelwagen	ca. 25 m
Sitzplätze 1. Klasse	55
Sitzplätze 2. Klasse	✹
Sitzplätze in der Luxusklasse	18
Sitzplätze insgesamt	731
Höchstgeschwindigkeit	320 km/h
Leermasse	✹ kg

Der Shinkansen H5 ist 122 000 kg schwerer als der Ave class 102.

1 Welche Angaben werden von den Klecksen verdeckt? Schreibt sie auf.

2 Vergleicht die Züge.

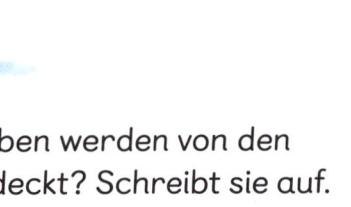

... hat ... mehr Sitzplätze als ...	... ist um ... km/h schneller als ...
... hat ... weniger Wagen als ...	... ist ... m länger als ...

3 Erfinde Sachaufgaben zu den Zügen. Dein Partner löst sie.

?

4 Informiert euch in Sachbüchern und im Internet über weitere schnelle Züge. Erfindet dann Sachaufgaben und erstellt eine Kartei für eure Klasse.

1 Ordne den Körpern ihre Namen zu.

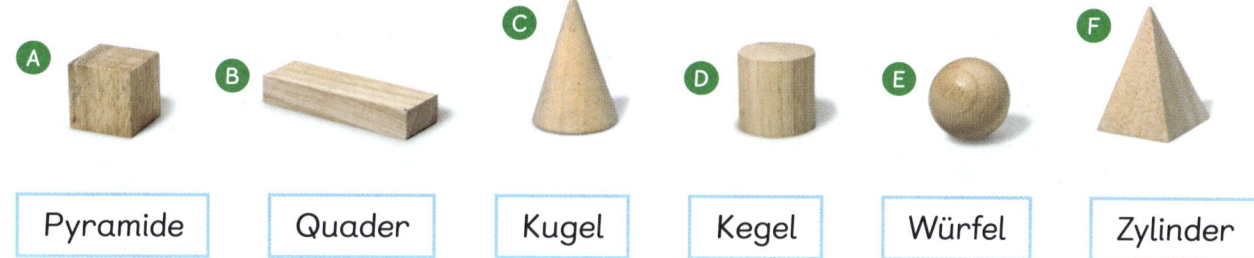

Pyramide	Quader	Kugel	Kegel	Würfel	Zylinder

2 Welche Körperformen kannst du an den Gegenständen entdecken?

3 Auf dem Tageslichtprojektor liegen Körper. Welche Körper passen zu den Schatten? Begründe.

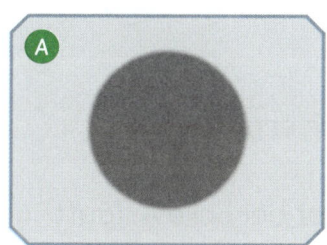  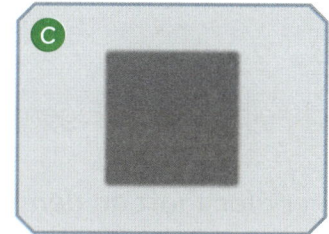

4 Fülle ein Säckchen mit verschiedenen Körpern. Ertaste und benenne einen Körper. Dein Partner kontrolliert.

5 a|

+	5		40	70
693	700			
		885		
378				

b|

−		2	9	30
799				739
855				
			901	

a

Stelle Körper mit Strohhalmen und Knetmasse her.
Welche Körper kannst du so nicht herstellen? Begründe.

b

Zeige an den Körpern Ecken, Flächen und Kanten.

2 **a**

Ergänze die Eigenschaftskarten der Körper.

A Der Kegel hat	B Der ▦ hat	C Die Pyramide hat
• 2 Flächen	• 6 Flächen	• ▦ Flächen
• ▦ Ecke	• 8 Ecken	• ▦ Ecken
• ▦ Kante	• ▦ Kanten	• 8 Kanten

b **?**

Schreibe eigene Eigenschaftskarten mit Lücken. Dein Partner ergänzt sie.

3 Ein Käfer läuft an den Kanten eines Würfels entlang. Er startet bei Ecke A, läuft
nach rechts bis zur nächsten Ecke und dann nach hinten. Nun läuft er nach links.
An der nächsten Ecke läuft er nach oben und dann nach vorne.

a

Wo ist der Käfer jetzt?

b

Eine Kante ist 15 cm lang.
Wie viel cm ist der Käfer gelaufen?

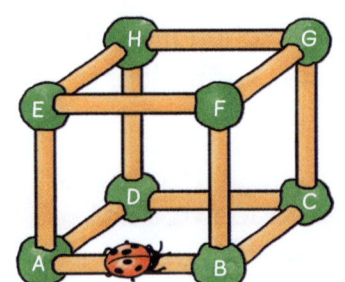

$4 \cdot 4 = 16$	$5 \cdot 9 = 45$	$8 \cdot 6 = 48$	$5 \cdot 4 = 20$	$9 \cdot 3 = 27$
$10 \cdot 8 = 80$	$6 \cdot 0 = 0$	$7 \cdot 2 = 14$	$6 \cdot 5 = 30$	$6 \cdot 6 = 36$
$3 \cdot 7 = 21$	$2 \cdot 3 = 6$	$9 \cdot 7 = 63$	$8 \cdot 8 = 64$	$2 \cdot 9 = 18$

1

a

Ordnet die Früchte nach ihrem Gewicht. Nehmt sie dazu in die Hand und schätzt.

b

Überprüft eure Schätzung mit einer Kleiderbügelwaage.
Schreibt euer Ergebnis auf. Beginnt mit der schwersten Frucht.

2 **a**

Messt das Gewicht der Früchte mit Steckwürfeln.
Benutzt eine Tafelwaage.

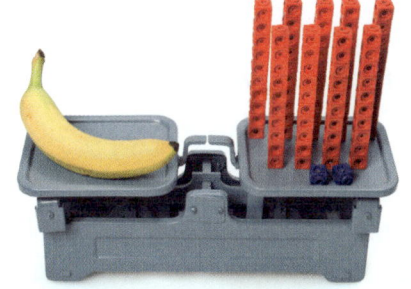

b

Vergleicht euer Ergebnis mit dem Ergebnis von
Aufgabe 1b.

3 Vergleicht die Gewichte von weiteren vier Gegenständen (z. B. Schulbuch, Stift, Schulranzen,
Malkasten). Verwendet die Kleiderbügelwaage
oder die Tafelwaage. Zeichnet ein Pfeilbild.

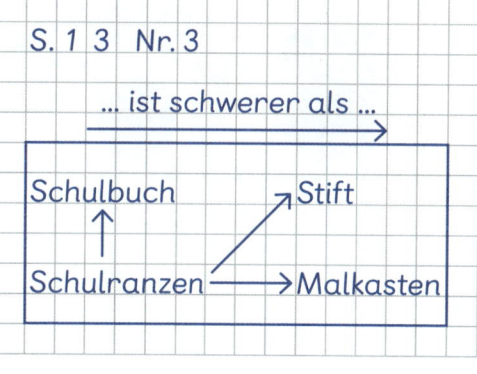

S. 1 3 Nr. 3

... ist schwerer als ...

Schulbuch → Stift

Schulranzen → Malkasten

4 Mia hat das Gewicht von vier vollen Brotdosen mit
einer Tafelwaage verglichen und fotografiert.
Welche Dose ist am schwersten, welche am leichtesten?

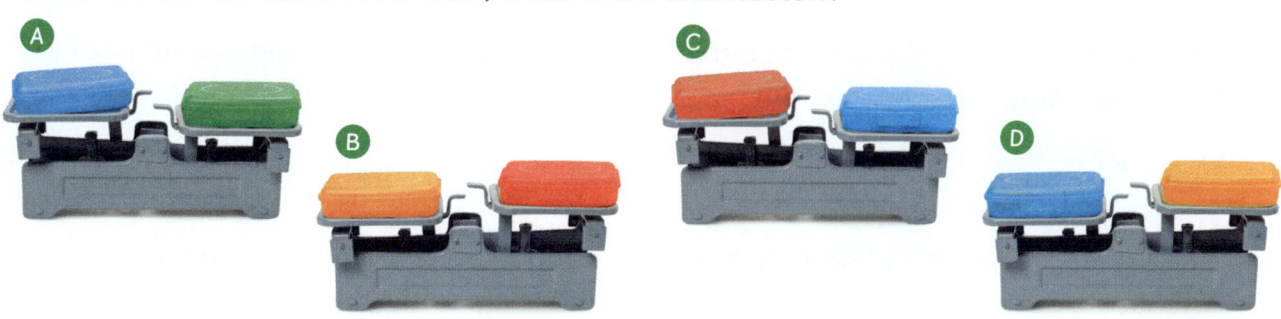

A   B   C   D

Kilogramm und Gramm

1

1 Kilogramm = 1 000 Gramm
1 kg = 1 000 g

a

Untersuche einen Gewichtssatz. Welche Gewichte gibt es? Welche nicht?

b

Addiere alle Gewichtsstücke. Was stellst du fest?

2 Schätzt das Gewicht von 5 Gegenständen aus eurer Umgebung. Wiegt dann genau. Welche Gewichtsstücke habt ihr verwendet?

S. 1 4 Nr. 2		
Gegenstand	geschätzt	gewogen
Armbanduhr	5 0 g	2 0 g + 1 0 g + 2 g =

3 Wie viel wiegen die Dinge? Schreibe Additionsaufgaben auf.
Beispiel: a) 200 g + 50 g + 10 g + 2 g = ▧ g

a

b

c

d

4 Welche Gewichtsstücke werden benötigt? Verwende so wenige wie möglich.
Schreibe Additionsaufgaben auf.

a 127 g   **b** 666 g   **c** 702 g   **d** 840 g   **e** 495 g   **f** 1 000 g

5 Jule behauptet: „Meine Schultasche wiegt doppelt so viel wie Pauls Tasche.
Also ist sie auch doppelt so groß." Stimmt das? Begründe.

1

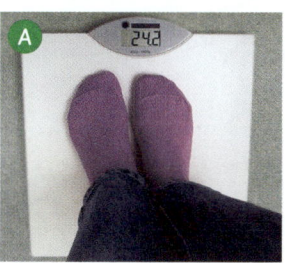 A  B  C 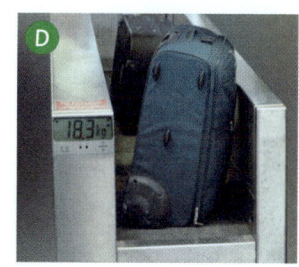 D

a

Wie heißen die Waagen? Wozu werden sie benutzt? Was zeigen sie an?

b

Welche Waagen kennst du noch?

2 Setze >, <, = oder passende Zahlen ein.

a	b	c	d
500 g ⬤ 500 kg	10 kg ⬤ 1 000 g	45 kg ⬤ 450 g	999 g < ▢
280 g ⬤ 208 kg	10 g ⬤ 1 000 kg	600 g ⬤ 6 kg	989 g > ▢
756 kg ⬤ 756 g	1 kg ⬤ 1 000 g	71 kg ⬤ 701 g	1 000 g = ▢

3 Wie viel wiegen die Dinge? Ordne zu und schreibe auf.

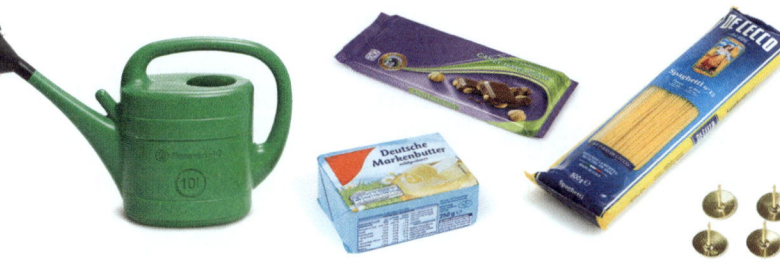

1 g	500 g
100 g	10 kg
1 kg	250 g

4 **a**

Sucht weitere Dinge, die 1 g, 100 g, 500 g oder 1 kg wiegen.

b

Gestaltet ein Plakat und prägt euch die Merkgewichte ein.

Merkgewichte

1 g

100 g

5 Wie viel wiegt das Gemüse?

a

b

1 Erkläre die Rechnungen.

1 Packung Nudeln wiegt ein halbes Kilogramm.

1 Packung Butter wiegt ein viertel Kilogramm.

A 1 000 g = 1 kg

B $\frac{1}{2}$ kg + $\frac{1}{2}$ kg = 1 kg

C $\frac{1}{4}$ kg + $\frac{1}{4}$ kg + $\frac{1}{4}$ kg + $\frac{1}{4}$ kg = 1 kg

2 Wie viel Gramm wiegen die Pakete jeweils zusammen?
Schreibe so: a) 250 g + 250 g = ■ g

a)
$\frac{1}{4}$ kg
$\frac{1}{4}$ kg

b)
$\frac{1}{4}$ kg
$\frac{1}{2}$ kg

c)
$\frac{1}{2}$ kg
$\frac{1}{2}$ kg

d)
$\frac{1}{2}$ kg
$\frac{3}{4}$ kg

1 kg =	1 000 g
$\frac{1}{2}$ kg =	500 g
$\frac{1}{4}$ kg =	250 g
$\frac{3}{4}$ kg =	750 g

3
a)
350 g + ■ = $\frac{1}{2}$ kg
125 g + ■ = $\frac{1}{2}$ kg
485 g + ■ = $\frac{1}{2}$ kg

b)
128 g + ■ = $\frac{1}{2}$ kg
256 g + ■ = $\frac{1}{2}$ kg
389 g + ■ = $\frac{1}{2}$ kg

c)
450 g + ■ = 1 kg
625 g + ■ = 1 kg
715 g + ■ = 1 kg

d)
675 g + ■ = 1 kg
537 g + ■ = 1 kg
806 g + ■ = 1 kg

4 Wie viel Gramm wiegen die Dinge zusammen? Wandle um und rechne.

a) 450 g Birnen und $\frac{1}{2}$ kg Äpfel

b) $\frac{1}{4}$ kg Haselnüsse und 130 g Zucker

c) $\frac{3}{4}$ kg Mehl und 180 g Mandeln

d) 50 g Schokolade, 30 g Nüsse und 1 kg Mehl

5 Wie viel Gramm bleiben übrig? Wandle um und rechne.

a) Von $\frac{1}{2}$ kg Zucker werden 320 g benötigt.

b) Von $\frac{1}{4}$ kg Mandeln werden 80 g benötigt.

c) Von $\frac{3}{4}$ kg Möhren werden 460 g benötigt.

d) Von 1 kg Mehl werden zuerst 380 g und dann noch 490 g benötigt.

Butterplätzchen

Du brauchst für ca. 150 Plätzchen:

$\frac{1}{2}$ kg Mehl
1 Prise Salz
$\frac{1}{4}$ kg Butter
200 g Zucker
2 Eier
1 Päckchen Vanillezucker
abgeriebene Schale einer Zitrone
evtl. 1 Messerspitze Zimt

für die Glasur: 1 Eigelb

Verknete die Zutaten rasch zu einem Teig und stelle diesen 30 min in den Kühlschrank. Rolle danach den Teig aus. Stich kleine Figuren aus und lege sie auf ein Backblech. Bestreiche sie mit etwas Eigelb. Schiebe das Blech in den vorgeheizten Backofen. Bei 200 Grad (Umluft 180 Grad) 10 min backen.

1. Die Klasse 3a möchte Plätzchen backen. Lies das Rezept genau. Welche Informationen kannst du dem Rezept entnehmen?

2. Die Klasse 3a wird in Gruppen eingeteilt. Jede Gruppe backt 150 Plätzchen. Rechne mit einer Tabelle aus, welche Menge an Zutaten 2, 3 und 4 Gruppen insgesamt brauchen.

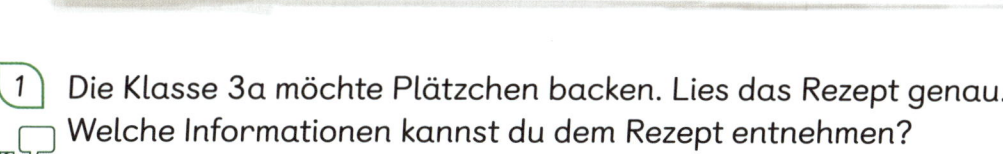

S. 1 7 Nr. 2		
1 Gruppe	2 Gruppen	3 Grupp
$\frac{1}{2}$ kg Mehl	1 kg Mehl	1 $\frac{1}{2}$ kg
1 Prise Salz		

3. Wie viel kosten die Zutaten für eine Gruppe? Die Preise kannst du im Supermarkt, im Internet oder in einem Werbeprospekt erfahren.

4. Beurteile, ob der letzte Satz in jeder Aufgabe richtig oder falsch ist.

a

Tarek wiegt das Mehl für seine Gruppe ab. Die Waage zeigt 380 g. Ihm fehlen noch 220 g.

b

Jede Gruppe packt immer 25 Plätzchen in eine Tüte. Jede Gruppe braucht 6 Tüten.

c

Ein Ei wiegt 50 g, der Vanillezucker 8 g. Salz, Zitronenschale und Zimt wiegen zusammen 10 g. Der ganze Teig wiegt 1 kg 60 g.

d

4 Gruppen aus der Klasse haben alle ihre Tüten zu je 3 € verkauft. Die Klasse hat insgesamt 76 € eingenommen.

5. Paul backt zu Hause die halbe Menge des Rezepts. Finde Fragen und rechne. Die Satzstreifen helfen dir.

| Wie viele Plätzchen? | Wie viel wiegt der Teig? | Wie viel kosten die Zutaten? |

1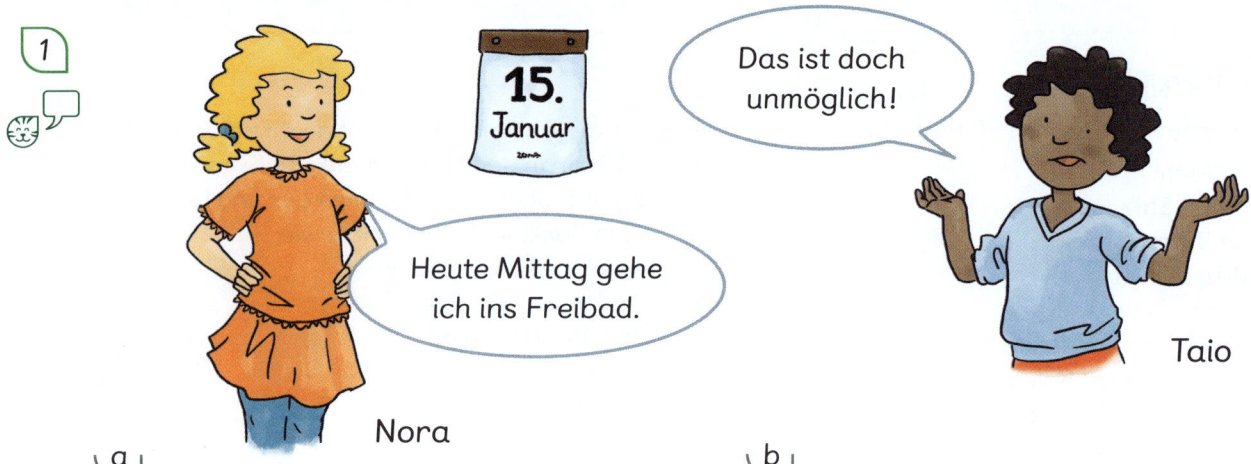

Nora: Heute Mittag gehe ich ins Freibad.

Taio: Das ist doch unmöglich!

a Woran erkennt Taio, dass Nora nicht die Wahrheit sagt?

b In welchen weiteren Monaten kannst du unmöglich ins Freibad gehen?

c In welchen Monaten ist es möglich, ins Freibad zu gehen?

d In welchen Monaten kannst du sicher ins Freibad gehen?

2 Entscheide für jede Aussage, ob sie sicher, möglich oder unmöglich ist. Begründe.

- Meine Mutter ist älter als ich.
- Mein Urgroßvater ist jünger als mein Vater.
- Meine ältere Schwester ist kleiner als ich.
- Ich bin älter als mein Onkel.
- Meine Oma ist die Tochter meines Bruders.

3 In einem Säckchen sind 4 schwarze und eine weiße Kugel. Du ziehst 2 Kugeln auf einmal. Welche Aussagen sind richtig? Überlege mit deinem Partner.

- Es ist möglich, dass ich 2 schwarze Kugeln ziehe.
- Es ist sicher, dass ich eine schwarze und eine weiße Kugel ziehe.
- Es ist unmöglich, dass ich 2 weiße Kugeln ziehe.
- Es ist möglich, dass ich 2 unterschiedliche Kugeln ziehe.
- Es ist sicher, dass eine der beiden Kugeln schwarz ist.
- Es ist unmöglich, dass ich eine schwarze Kugel ziehe.

4 Rechne im Kopf. Schreibe die Aufgabe mit der Lösung ins Heft.

a	**b**	**c**	**d**
342 + 80 = ▨	424 − 50 = ▨	56 + 170 = ▨	860 − 47 = ▨
675 + 70 = ▨	713 − 90 = ▨	31 + 390 = ▨	590 − 38 = ▨
858 + 60 = ▨	239 − 40 = ▨	85 + 730 = ▨	270 − 54 = ▨

1 Spielt „Schere, Stein, Papier" und notiert euer Ergebnis.
Welches Handzeichen gewinnt am häufigsten?

> **Schere, Stein, Papier**   Spiel für 2 Kinder
>
> Spielregeln:
>
> Schere   Stein   Papier
>
> - Schere schneidet Papier, also gewinnt Schere.
> - Papier wickelt Stein ein, also gewinnt Papier.
> - Stein schleift Schere, also gewinnt Stein.
> - Zeigen beide das gleiche, ist es unentschieden.

„Eins, zwei, DREI!"

2 a

Wie viele Möglichkeiten gibt es? Schreibe alle auf
und kreise jeweils den Gewinner ein.

b

Ist „Schere, Stein, Papier" ein gerechtes Spiel? Begründe.

S. 1 9 Nr. 2

a) Schere – Schere

    Schere – (Stein)

    Schere –

3 Schreibe nur die richtigen Aussagen auf.

- Es ist sicher, dass „Stein" gewinnt.
- Es ist unmöglich, dass beide Spieler das gleiche Zeichen zeigen.
- Es ist möglich, mit „Papier" zu gewinnen.
- Es ist sicher, dass einer der Spieler gewinnt.

4 Das Spiel kann auch mit dem vierten Handzeichen „Brunnen" gespielt werden.

 a ?

Erfindet Spielregeln für das Handzeichen „Brunnen" und schreibt sie auf.
Beispiel: „Schere" fällt in den „Brunnen", also gewinnt „Brunnen".

b

Spielt „Schere, Stein, Papier, Brunnen".
Welches Handzeichen gewinnt am häufigsten?

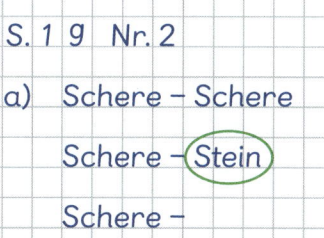

c

Schreibt alle Möglichkeiten wie bei Aufgabe 2a auf.

d

Ist „Schere, Stein, Papier, Brunnen" mit euren Spielregeln gerecht? Begründet.

1

a	b	c	d
198 + 2 = ▨	470 + 30 = ▨	904 − 4 = ▨	550 − 50 = ▨
198 + 5 = ▨	470 + 60 = ▨	904 − 8 = ▨	550 − 70 = ▨
198 + 7 = ▨	470 + 80 = ▨	904 − 9 = ▨	550 − 90 = ▨

2

a	b	c	d
785 + 42 = ▨	259 + 64 = ▨	823 − 32 = ▨	943 − 56 = ▨
361 + 78 = ▨	676 + 89 = ▨	416 − 55 = ▨	121 − 93 = ▨

3

a) Welcher Körper hat 5 Ecken, 8 Kanten und 5 Flächen?

b) Welcher Körper hat 2 Flächen, 1 Ecke und 1 Kante?

4

a)
$125\,g + ▨ = \frac{1}{2}\,kg$
$487\,g + ▨ = \frac{1}{2}\,kg$
$243\,g + ▨ = \frac{1}{2}\,kg$

b)
$610\,g + ▨ = 1\,kg$
$835\,g + ▨ = 1\,kg$
$371\,g + ▨ = 1\,kg$

c)
$\frac{3}{4}\,kg + ▨ = 1\,kg$
$\frac{1}{4}\,kg + ▨ = 1\,kg$
$\frac{1}{2}\,kg + ▨ = 1\,kg$

5 Wie viel wiegen die Dinge zusammen?

a) $\frac{1}{2}$ kg Mehl und 270 g Nüsse

b) $\frac{1}{4}$ kg Butter, 70 g Schokolade und 180 g Zucker

6 Schreibe Frage (F), Lösungsweg (L) und Antwort (A) auf.

a) Die Birkenschule hat eine Spende von 650 € bekommen. Nachdem Herr März den Eintritt in den Zoo für die Kinder bezahlt hat, sind noch 83 € übrig.

b) Im ICE von Basel nach Freiburg sitzen 249 Personen in der 2. Klasse und 53 Personen in der 1. Klasse.

7 In einem Säckchen sind 2 rote und 3 blaue Kugeln. Du ziehst 3 Kugeln auf einmal. Entscheide für jeden Satz, ob er sicher, möglich oder unmöglich ist.

- Ich ziehe 3 gleiche Farben.
- Mindestens eine blaue Kugel ist dabei.
- Alle Kugeln sind rot.

Wichtige Aufgaben der dritten Lerneinheit (Heft 2, S. 4–19) wiederholen;
Selbsteinschätzung: entsprechend dem Können der Aufgabe den passenden Smiley ins Heft malen

1

Emma   Gor   Nele   Hamid   Ben   Ida

Jedes der Kinder hat ein Gewichtsstück in der Hand. Wer hat welches Gewichtsstück?

- Emmas Gewichtsstück wiegt die Hälfte von Hamids.
- Gors Gewichtsstück wiegt 10-mal mehr als Neles.
- Neles Gewichtsstück muss man durch 5 dividieren, damit man den Wert von Emmas Gewichtsstück weiß.
- Idas Gewichtsstück wiegt das Doppelte von Neles.
- Bens Gewichtsstück wiegt doppelt so viel wie Idas.

2 Lisa und Taio wiegen zusammen 60 kg.
Taio wiegt 6 kg mehr als Lisa.
Wie viel Kilogramm wiegt Lisa?

3

Das Mobile ist im Gleichgewicht.
Jedes kurze Stäbchen mit Schnur wiegt 1 g.
Kugel A wiegt 2 g.
Wie viel Gramm wiegt jede der Kugeln B bis G?

4 Ein König hat 7 gleiche Goldmünzen.
Eine davon ist gefälscht und wiegt weniger als die anderen.
Mit einer Balkenwaage findet der König heraus,
welches die gefälschte Münze ist.
Er wiegt nur 2-mal und verwendet keine
Gewichtsstücke.
Beschreibe, wie der König vorgeht.

1 Welche Multiplikationsaufgaben sind dargestellt? Was fällt dir auf?

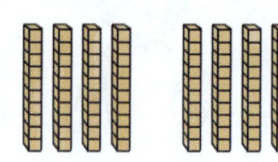

2 Finde passende Multiplikationsaufgaben mit großen Zahlen.

a	b	c	d
3 · 2 = ▪	2 · 5 = ▪	4 · 3 = ▪	3 · 4 = ▪

S.22 Nr.2
a) 3 ·   2 =   6
    3 ·   2 0 =   6 0
    3 · 2 0 0 = 6 0 0

3 Rechne immer zuerst die kleine Aufgabe.

a	b	c
7 · 50 = ▪	0 · 50 = ▪	80 · 3 = ▪
6 · 30 = ▪	8 · 20 = ▪	60 · 7 = ▪
5 · 90 = ▪	3 · 70 = ▪	20 · 6 = ▪

S.22 Nr.3
a) 7 ·   5 =   3 5
    7 · 5 0 = 3 5 0

4

a	b	c	d
3 · ▪ = 270	▪ · 60 = 360	80 · ▪ = 480	▪ · 8 = 640
4 · ▪ = 240	▪ · 20 = 140	50 · ▪ = 450	▪ · 3 = 150
7 · ▪ = 490	▪ · 40 = 320	70 · ▪ = 350	▪ · 5 = 200

5 Löse beide Aufgaben. Was fällt dir auf? Begründe.

a	b	c	d
3 · 40 = ▪	5 · 90 = ▪	4 · 80 = ▪	2 · 300 = ▪
4 · 30 = ▪	9 · 50 = ▪	8 · 40 = ▪	200 · 3 = ▪

6

a	b	c	d
5 · 70 = 350	8 · 60 = ▪	4 · 50 = ▪	3 · 900 = ▪
50 · ▪ = 350	80 · 6 = ▪	40 · ▪ = ▪	300 · ▪ = ▪
7 · ▪ = 350	6 · ▪ = ▪	5 · ▪ = ▪	9 · ▪ = ▪
70 · ▪ = 350	60 · ▪ = ▪	50 · ▪ = ▪	900 · ▪ = ▪

7 240   180   360   120   400

Finde zu den Zahlen möglichst viele Multiplikationsaufgaben.
Schreibe so: 240 = 6 · 40
                240 =

1 Welche Divisionsaufgaben sind dargestellt? Was fällt dir auf?

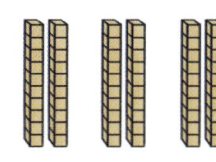

2 Finde passende Divisionsaufgaben mit großen Zahlen.

a) $9 : 3 = $ ▨

b) $4 : 4 = $ ▨

c) $10 : 5 = $ ▨

d) $15 : 3 = $ ▨

S. 2 3 Nr. 2		
a)	$9 : 3 =$	3
	$90 : 3 =$	30
	$900 : 3 =$	300

3 Rechne immer zuerst die kleine Aufgabe.

a)
$280 : 4 = $ ▨
$360 : 6 = $ ▨
$240 : 3 = $ ▨

b)
$140 : 7 = $ ▨
$630 : 9 = $ ▨
$120 : 4 = $ ▨

c)
$200 : 2 = $ ▨
$350 : 5 = $ ▨
$560 : 8 = $ ▨

S. 2 3 Nr. 3		
a)	$28 : 4 =$	7
	$280 : 4 =$	70

4 Kontrolliere mit der Umkehraufgabe.

a)
$45 : 5 = $ ▨
$450 : 5 = $ ▨
$450 : 50 = $ ▨

b)
$24 : 6 = $ ▨
$240 : 6 = $ ▨
$240 : 60 = $ ▨

c)
$42 : 7 = $ ▨
$420 : 7 = $ ▨
$420 : 70 = $ ▨

S. 2 3 Nr. 4		
a)	$45 : 5 =$	9
K:	$9 \cdot 5 =$	45

5

a)
$8 : 2 = $ ▨
$80 : 2 = $ ▨
$80 : 20 = $ ▨
$800 : 20 = $ ▨
$800 : 200 = $ ▨

b)
$100 : 2 = $ ▨
$100 : 20 = $ ▨
$1\,000 : 200 = $ ▨
$1\,000 : 20 = $ ▨
$1\,000 : 2 = $ ▨

c)
$24 : 4 = $ ▨
$240 : 40 = $ ▨
$2\,400 : 400 = $ ▨
$240 : 4 = $ ▨
$2\,400 : 40 = $ ▨

6

a)

:	4	40
160		
320		
400		

b)

:	3	30
120		
210		
270		

c)

:		60
180	30	
		5
480		

d)

:	9	
180		2
360		
		6

1

a

·	2	20	200
2			
4			
5			

b

·	3	30	300
3			
4			
6			

c

·	5	50	500
2			
		350	
0			

2

a

:	2	20	200
400			
800			
1 000			

b

:	3	30	300
300			
600			
900			

c

:	4	40	400
		10	
800			
1 600			

3 Zeichne die Mal-Rechendreiecke ins Heft und löse sie.

a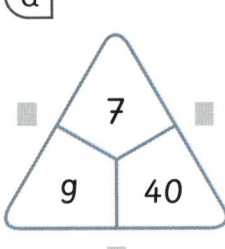

b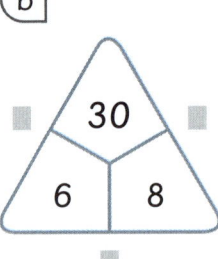

c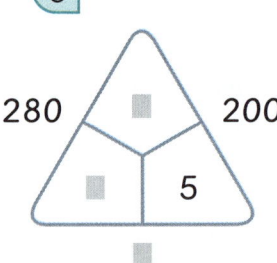

d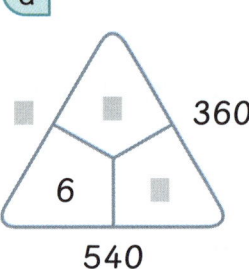

4 Setze fort, so weit du kannst.

a
1 · 40 = ▧
3 · 40 = ▧
5 · 40 = ▧

b
0 · 8 = ▧
20 · 8 = ▧
40 · 8 = ▧

c
150 : 5 = ▧
300 : 5 = ▧
450 : 5 = ▧

d
▧ : 90 = 2
▧ : 90 = 3
▧ : 90 = 4

5 Beschreibe die Tiger-Päckchen von Aufgabe 4.

6 Welche Aufgaben passen? Setze ein.

a

6 · 80 < ▧

60 · 9	8 · 60
70 · 7	9 · 50

b

350 : 7 < ▧

320 : 8	420 : 7
360 : 6	360 : 9

1 Welche Zahlen haben sich die Kinder gedacht? Löse mit einem Pfeilbild.

 a

Linus denkt sich eine Zahl. Er halbiert sie, multipliziert dann mit 90 und erhält 360.

 b

Nele denkt sich eine Zahl. Sie subtrahiert 380, dann verdoppelt sie. Sie erhält 500.

c

Taio denkt sich eine Zahl. Er dividiert sie durch 3, dann addiert er 180. Zum Schluss verdoppelt er. Er erhält 440.

d

Lisa denkt sich eine Zahl. Sie multipliziert sie mit 6 und dividiert dann durch 8. Zum Schluss addiert sie 670 und erhält 700.

2 Erfinde ein eigenes Zahlenrätsel.
? Dein Partner löst es.

verdoppeln · 2
halbieren : 2

3 Löse die Pfeilbilder im Heft.

a
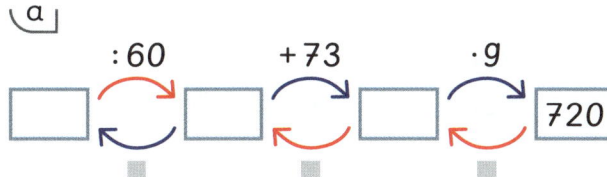

b
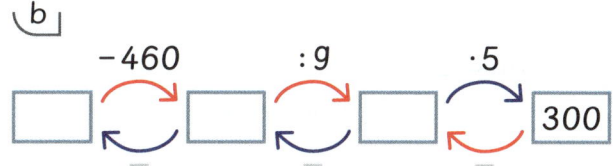

c
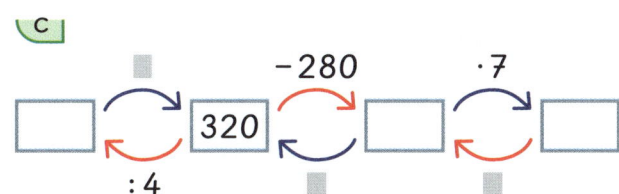

d
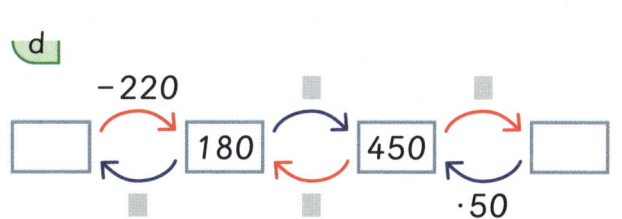

4 Setze die passenden Zahlen ein.
Bei jeder Aufgabe gilt: Gleiches Zeichen bedeutet gleiche Zahl.

a

5 · ▲ = ■
350 : ▲ = 7

b

■ − ● = ●
■ : 8 = 70

c

● + 6 = ◆
● · ◆ = 40

d

▶ · ▼ = ▶ + 15
▼ : ▶ = 100 − 98

Ich schätze, in mein Zimmer passen genau 12 Meterquadrate.

1 m
1 m

1 Timo und seine Schwester Anne haben die Flächen ihrer Zimmer ausgemessen.
Dazu haben sie Meterquadrate hergestellt und die Zimmer damit ausgelegt.

a

Wie könnte Timos Zimmer aussehen?
Stellt 12 Meterquadrate her und legt sie auf
den Boden (Schulhof). Umfahrt die Fläche mit Kreide.

b

Vergleicht eure Ergebnisse. Was stellt ihr fest?

c

Zeichnet eure Ergebnisse als Pläne ins Heft.
Verwendet für 1 Meterquadrat 4 Heftkästchen.

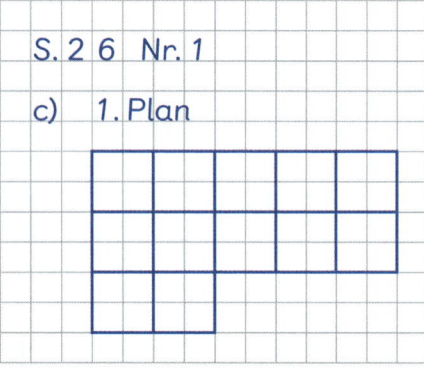

S. 2 6   Nr. 1

c)   1. Plan

2 In Annes Zimmer passen genau 15 Meterquadrate.
Zeichne drei verschiedene Pläne ins Heft. Vergleiche mit deinem Partner.

3 Timo und Anne haben von anderen Zimmern ihrer Wohnung Pläne gezeichnet.
Übertrage sie ins Heft und zeichne Meterquadrate (4 Kästchen) ein.
Wie viele Meterquadrate passen in jedes Zimmer? Schreibe auf.

Wohnzimmer	Schlafzimmer	Flur	Küche

4 Wie groß ist euer Klassenzimmer? Schätzt und überprüft mit Meterquadraten.
Geht geschickt vor.

A

B

D

C

1 a

Schätze, welche Flächen gleich groß sind.

b

Überprüfe deine Schätzung.
Lege dazu die Flächen mit Plättchen aus.
Schreibe dein Ergebnis auf.
Achtung: Manche quadratischen Plättchen musst du halbieren.

> Zwei Rechtecke sind so groß wie ein Quadrat.

> Zwei Dreiecke sind auch so groß wie ein Quadrat.

2 Übertrage die Flächen ins Heft. Zeichne die Umrisse der Plättchen ein.

3 Lege eine Fläche mit 20 Plättchen und zeichne sie verkleinert ins Heft.
? Dein Partner legt die Fläche dann nach.

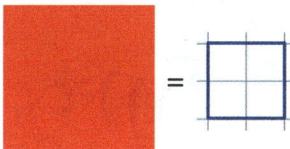 = 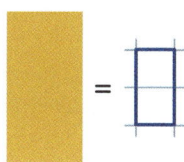 = 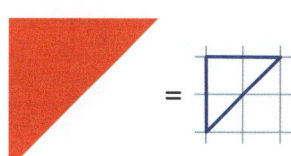 =

1 Max und Tina rechnen aus, aus wie vielen Plättchen die Fläche besteht. Erkläre.

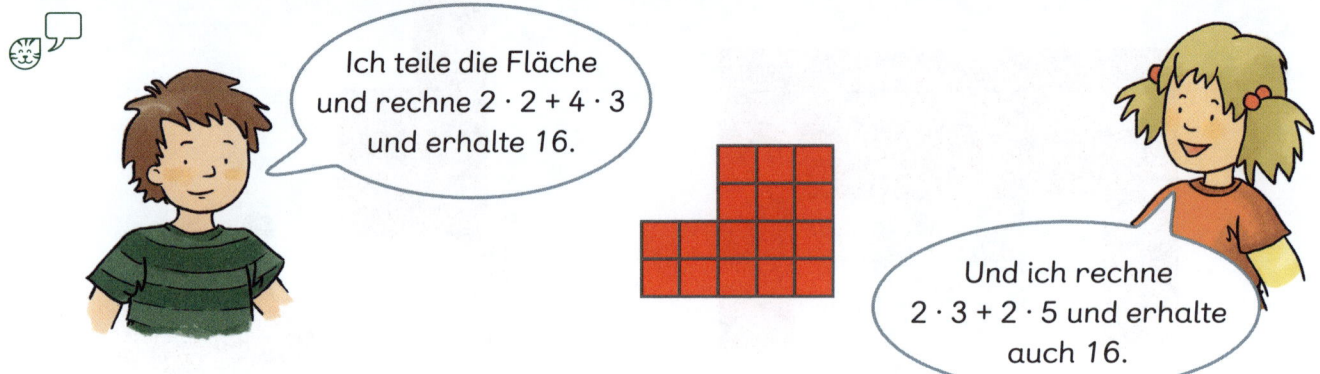

Ich teile die Fläche und rechne 2 · 2 + 4 · 3 und erhalte 16.

Und ich rechne 2 · 3 + 2 · 5 und erhalte auch 16.

2 Aus wie vielen Plättchen bestehen die Flächen?
Teile die Flächen und finde Aufgaben wie Tina und Max.

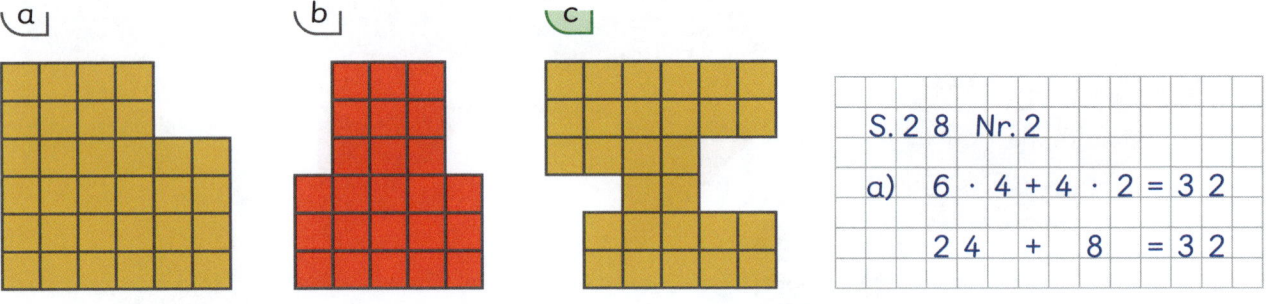

a | b | c

S. 2 8	Nr. 2					
a)	6 · 4 + 4 · 2	= 3 2				
	2 4 + 8	= 3 2				

3 Lege Flächen, zu denen die Aufgaben passen. Dein Partner kontrolliert.

a
3 · 4 + 6 · 2

b
8 · 2 + 2 · 4

c
5 · 3 + 1 · 7

d
4 · 3 + 3 · 2 + 5 · 3

4 Lege eine Fläche mit Plättchen. Dein Partner rechnet aus,
? wie viele Plättchen du verwendet hast.

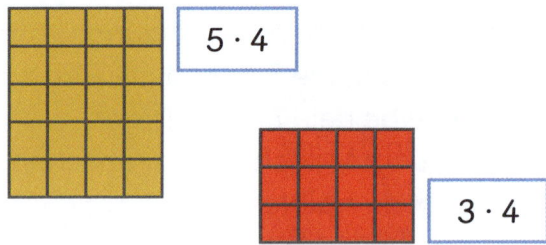

5 · 4

3 · 4

5 Max legt zwei Flächen und schreibt
die Aufgaben 5 · 4 und 3 · 4 auf. Er behauptet:
„Wenn ich die Flächen zusammenlege,
dann kann ich 5 · 4 + 3 · 4 = 8 · 4 rechnen."

a
Lege die Flächen nach und zeige, dass Max recht hat.

b
Zeige mit Plättchen, dass die Aufgaben stimmen.

2 · 6 + 4 · 6 = 6 · 6

4 · 5 + 3 · 5 = 7 · 5

5 · 7 + 3 · 7 = 8 · 7

Dieser Rechentrick heißt Verteilungsgesetz.

1–5 Quadratische Plättchen (Beilage 5) verwenden
2 Ggf. Kopiervorlage verwenden

Bandornamente

1

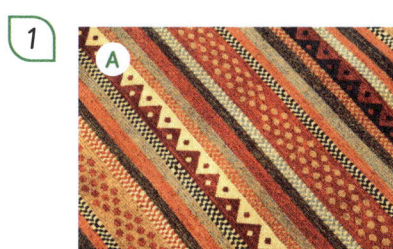

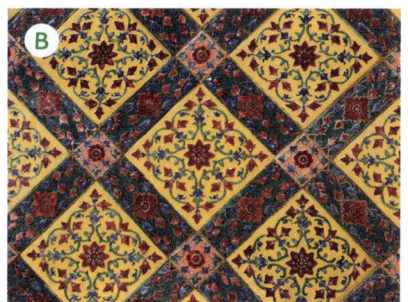

 a 💬

Untersuche die Bandornamente und beschreibe sie.

b

Suche weitere Bandornamente in deiner Umgebung.

> Bandornamente haben eine Ausgangsfigur, die sich wiederholt.

2 A

B

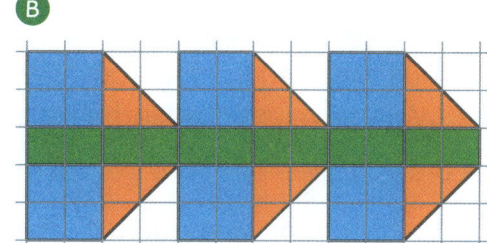

C

 C

> Ein Viereck, bei dem die gegenüberliegenden Seiten gleich lang sind, heißt Parallelogramm.

a 💬

Welche Formen wurden verwendet?

b

Zeichne die Bandornamente ab und setze sie fort.
Verwende ein Lineal.

3 Finde in den Bandornamenten die Fehler und beschreibe sie.
💬 Zeichne sie richtig ins Heft.

A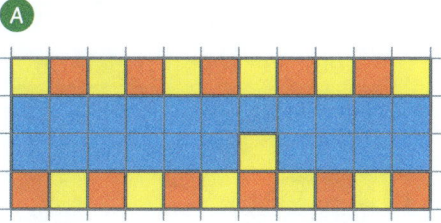

B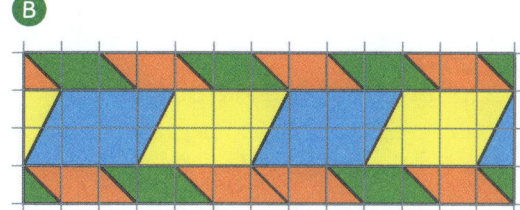

4 Zeichne eigene Bandornamente.

?

Das Tangram

Das Tangram ist ein jahrtausendealtes Legespiel aus China.

Das Tangram-Spiel besteht aus bestimmten Formen. Mit diesen Formen werden eigene Figuren erfunden oder vorgegebene Figuren nachgelegt.

Dabei gilt: Die Figur muss aus allen Formen gelegt werden. Die Formen dürfen sich nicht überschneiden.

1 a

Schau dir das Tangram genau an:
- Wie viele Teilstücke hat es?
- Aus welchen Formen besteht es?
- Welche Teilstücke sind gleich?

b

Das Tangram wird auch „Siebenschlau" genannt. Erkläre.

Diese Form heißt Parallelogramm.

2 a

Stelle selbst ein Tangram her und lege die Tierfiguren nach.

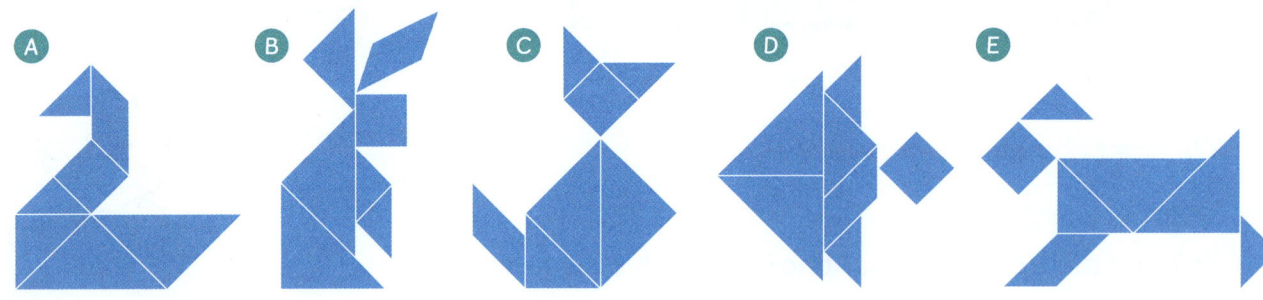

b **?**

Erfinde weitere Tierfiguren. Dein Partner legt sie nach.

3 Legt die Figuren nach.

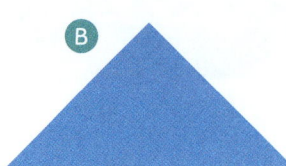
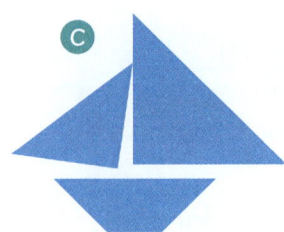

2 Kopiervorlage verwenden

Rechentricks

Kleine Aufgabe, große Aufgabe

1

a	b	c	d
2 · 3 = ▨	7 · 1 = ▨	9 : 3 = ▨	8 : 2 = ▨
2 · 30 = ▨	7 · 10 = ▨	90 : 3 = ▨	80 : 2 = ▨
2 · 300 = ▨	7 · 100 = ▨	900 : 3 = ▨	800 : 2 = ▨

Eine Null anhängen? Das heißt „mal 10" rechnen.

2

a	b	c	d
40 · 4 = ▨	640 : 8 = ▨	630 : 70 = ▨	40 · 70 = ▨
60 · 7 = ▨	700 : 7 = ▨	240 : 30 = ▨	60 · 30 = ▨
80 · 3 = ▨	360 : 4 = ▨	540 : 90 = ▨	90 · 20 = ▨

Umkehraufgaben

3

a	b	c	d	e
▨ : 4 = 60	▨ : 50 = 9	▨ · 6 = 360	▨ · 80 = 320	50 · ▨ = 400
▨ : 9 = 30	▨ : 70 = 4	▨ · 3 = 270	▨ · 30 = 120	70 · ▨ = 210
▨ : 2 = 70	▨ : 40 = 3	▨ · 7 = 560	▨ · 40 = 280	90 · ▨ = 360

Verteilungsgesetz

4 Fasse die Aufgaben zusammen und schreibe eine Multiplikationsaufgabe.

Beispiel: a) 6 · 8 + 2 · 8 = 8 · 8 = 64

a	b	c	d
6 · 8 + 2 · 8 = ▨	2 · 7 + 4 · 7 = ▨	3 · 6 + 6 · 6 = ▨	3 · 5 + 5 · 6 = ▨
5 · 5 + 2 · 5 = ▨	6 · 9 + 4 · 9 = ▨	7 · 4 + 2 · 4 = ▨	2 · 9 + 9 · 8 = ▨
4 · 3 + 5 · 3 = ▨	8 · 2 + 1 · 2 = ▨	1 · 8 + 5 · 8 = ▨	4 · 6 + 6 · 4 = ▨

5 Zerlege immer in zwei Multiplikationsaufgaben.

a	b	c
8 · 6 = ▨	7 · 8 = ▨	5 · 9 = ▨
5 · 4 = ▨	9 · 3 = ▨	8 · 2 = ▨
7 · 5 = ▨	4 · 7 = ▨	6 · 10 = ▨

S. 3 1 Nr. 5									
a)	8	· 6	= 2	· 6	+ 6	· 6	= 4	8	

6

a	b
Runde zu vollen Zehnern.	Runde zu vollen Hundertern.
172 964 651 247	951 537 87 647

1 a

Löse die Aufgabe 242 + 169. Stelle deinen Rechenweg in einer Mathekonferenz vor.

b

Erkläre, wie die Kinder rechnen. Vergleiche mit deinem Rechenweg.

242 + 169

242, 342, 402, 411

Emma

242 + 169 = 411
242 + 100 = 342
342 + 60 = 402
402 +   9 = 411

Mia

Hamid

242 + 169 = 411
200 + 100 = 300
 40 + 60 = 100
  2 +   9 = 11
300 + 100 + 11 = 411

Lisa

+169
+100   +60   +9
242   342   402 411

Finn

242 + 169 = 411
242 +   9 = 251
251 + 60 = 311
311 + 100 = 411

2 Rechne wie die Kinder.

a Emma	b Hamid	c Lisa	d Finn	e Mia
723 + 156 = ▨	830 + 148 = ▨	312 + 125 = ▨	167 + 232 = ▨	502 + 417 = ▨
575 + 345 = ▨	473 + 392 = ▨	251 + 483 = ▨	445 + 171 = ▨	165 + 236 = ▨

3 Rechne mit deinem Weg.

a	b	c	d
799 + 174 = ▨	554 + 249 = ▨	806 + 155 = ▨	638 + 306 = ▨
667 + 325 = ▨	137 + 782 = ▨	223 + 636 = ▨	374 + 489 = ▨
992 973 892	919 859 803	976 961 859	944 881 863

4 Schau dir die Zahlen genau an.
Rechne dann mit einem Rechentrick.

Ich rechne zuerst
325 + 200 und dann −6.

a	b	c
325 + 194 = ▨	186 + 604 = ▨	296 + 438 = ▨
472 + 395 = ▨	251 + 507 = ▨	503 + 241 = ▨

Luis

1 **a**

Löse die Aufgabe 321 – 145. Stelle deinen Rechenweg in einer Mathekonferenz vor.

b

Erkläre, wie die Kinder rechnen. Vergleiche mit deinem Rechenweg.

321 – 145

321, 221, 181, 176

Mia

Emma

$321 - 145 = 176$
$321 - 100 = 221$
$221 - \ \ 40 = 181$
$181 - \ \ \ \ 5 = 176$

Finn

$321 - 145 = 176$
$321 - \ \ \ \ \ 5 = 316$
$316 - \ \ 40 = 276$
$276 - 100 = 176$

Lisa

Hamid

$321 - 145 =$
$320 - 140 = 180$
$\ \ \ \ 1 - \ \ \ \ 5 =$ ✗

2 Rechne wie die Kinder.

a Emma

$563 - 242 =$ ▨
$655 - 394 =$ ▨

b Finn

$857 - 426 =$ ▨
$739 - 584 =$ ▨

c Lisa

$968 - 741 =$ ▨
$214 - 173 =$ ▨

3 Rechne mit deinem Weg.

a

$956 - 528 =$ ▨
$849 - 361 =$ ▨

428 488 566

b

$407 - 159 =$ ▨
$536 - 284 =$ ▨

192 248 252

c

$742 - 433 =$ ▨
$477 - 198 =$ ▨

279 309 862

d

$460 - 273 =$ ▨
$296 - 102 =$ ▨

152 187 194

4 Schau dir die Zahlen genau an.
Rechne dann mit einem Rechentrick.

Ich rechne zuerst
524 – 300 und dann +2.

a

$524 - 298 =$ ▨
$453 - 195 =$ ▨

b

$738 - 502 =$ ▨
$674 - 303 =$ ▨

c

$695 - 389 =$ ▨
$402 - 149 =$ ▨

Luis

Ergebnisse überschlagen

1

254 + 161

Ich überschlage. Das Ergebnis ist rund 500. — Nele

Nein, das Ergebnis ist rund 410. — Emma

a) Erkläre, wie die Kinder den Überschlag rechnen.

b) Beurteile: Welche Überschlagsrechnung ist genauer?

2 Rechne zuerst einen Überschlag, löse dann genau.

a)
333 + 175 = ▮
256 + 687 = ▮

b)
877 − 254 = ▮
741 − 492 = ▮

c)
708 + 169 = ▮
914 − 895 = ▮

S. 3 4	Nr. 2
a) Ü: 3 3 0 + 1 8 0 = 5 1 0
3 3 3 + 1 7 5 =

3 Rechne einen Überschlag. Löse dann nur die fünf Aufgaben, deren Summe größer als 500 ist.

318 + 143   224 + 286   198 + 481   179 + 312

139 + 428   166 + 337   379 + 115   284 + 387

> Das Ergebnis einer Additions-aufgabe heißt Summe.

4 Rechne einen Überschlag. Löse dann nur die fünf Aufgaben, deren Differenz kleiner als 500 ist.

714 − 192   751 − 264   809 − 318   925 − 352

673 − 186   936 − 341   567 − 73   942 − 495

> Das Ergebnis einer Subtraktions-aufgabe heißt Differenz.

5

45 + 13 = 58   64 + 9 = 73   50 − 12 = 38   73 − 6 = 67
62 + 27 = 89   88 + 6 = 94   80 − 21 = 59   96 − 8 = 88
51 + 35 = 86   19 + 8 = 27   40 − 38 = 2   61 − 5 = 56

5 Stoppuhr oder Sanduhr verwenden

Addieren und subtrahieren üben

1 Zwischen welchen Hundertern liegen die Ergebnisse der Aufgaben?
Rechne nur einen Überschlag im Kopf.
Schreibe so: 258 + 412 liegt zwischen 600 und 700.

| 258 + 412 | 995 – 171 | 261 + 477 + 148 | 842 – 399 – 139 |

| 449 + 488 | 997 – 73 | 175 + 324 + 288 | 969 – 104 – 253 |

2 Können die Ergebnisse stimmen? Kontrolliere mit einem Überschlag.

a
258 + 412 = 770
449 + 488 = 937
995 – 171 = 824
997 – 573 = 524

b
969 – 104 – 235 = 692
931 – 96 – 42 = 793
261 + 477 + 148 = 688
175 + 324 + 288 = 787

S.35 Nr.2

a)   Ü: 2 6 0 + 4 1 0 = 6 7 0

770 kann nicht stimmen.

3 Rechne beide Aufgaben. Was stellst du fest?

a
348 + 183 = ▨
248 + 283 = ▨

b
574 + 321 = ▨
554 + 341 = ▨

c
916 – 492 = ▨
816 – 392 = ▨

d
705 – 564 = ▨
735 – 594 = ▨

4 Verändere jede Aufgabe so, dass das Ergebnis gleich bleibt.

a
625 + 217 = ▨

b
493 + 151 = ▨

c
969 – 320 = ▨

d
888 – 543 = ▨

5 Finde die Fehler und beschreibe sie. Rechne dann richtig.

a
| 732 – 499 = 231 |
| 732 – 500 = 232 |
| 232 –   1 = 231 |

b
| 258 + 536 = 764 |
| 258, 758, 764 |

... Zehner vergessen ...

... addiert statt subtrahiert ...

... Einer vergessen ...

c
| 682 – 357 = 332 |
| 682 –   50 = 632 |
| 632 – 300 = 332 |

d
| 349 + 196 = 553 |
| 349 + 200 = 549 |
| 549 +   4 = 553 |

... Einer und Zehner vergessen ...

... subtrahiert statt addiert ...

Rechnen mit Tabellen

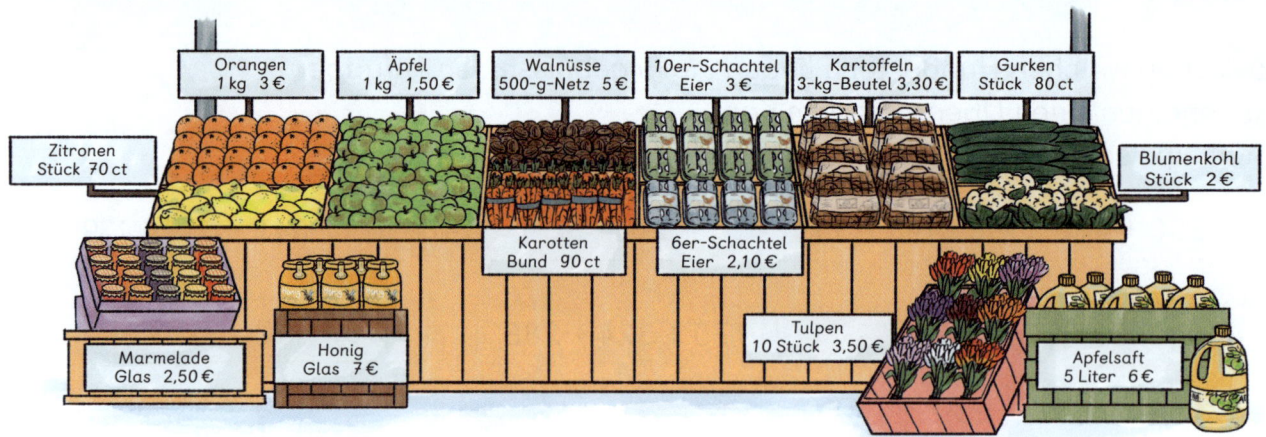

1 Am Stand auf dem Wochenmarkt gibt es viel zu kaufen.
Erzähle.

2 Wie viel Euro kosten die Waren? Zeichne eine Tabelle und trage die fehlenden Preise ein. Wie gehst du geschickt vor?

a

Äpfel kg	Preis
1	1,50 €
2	
3	
5	
10	

b

Honig Glas	Preis
1	
2	
3	
6	
10	

c

Karotten Bund	Preis
1	
2	
4	
8	
10	

d

Zitronen Stück	Preis
1	
2	
3	
5	
10	

3 Berechne die Preise mithilfe einer Tabelle.

a 100 g Nüsse   b 1 kg Kartoffeln   c 1 Liter Apfelsaft   d 1 Ei

4 Welches Angebot ist günstiger? Löse mithilfe einer Tabelle.

a
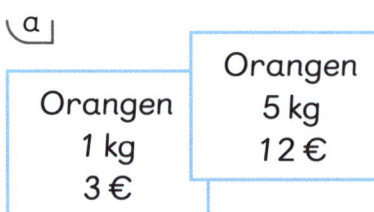
Orangen
1 kg
3 €

Orangen
5 kg
12 €

b

1 Gurke
80 ct

4 Gurken
3,20 €

c

10 Tulpen
3,50 €

15 Tulpen
6 €

5

7 · 2 = 14	5 · 4 = 20	10 · 1 = 10	3 · 5 = 15	6 · 4 = 24
3 · 10 = 30	8 · 0 = 0	2 · 6 = 12	8 · 8 = 64	7 · 5 = 35
6 · 8 = 48	9 · 3 = 27	4 · 7 = 28	7 · 6 = 42	4 · 9 = 36

Trinkflasche 19 €
Trinkflasche 7 €
Helm 49 €
Helm 32 €
Luftpumpe 36 €
Tacho 14 €
Fahrrad-Navi 179 €
Schloss 18 €
Bügelschloss 27 €
Fahrradtaschen je Paar 98 €
Einrad 89 €

495 € 319 € 268 €

1 Stelle dir eine Fahrradausrüstung aus diesem Angebot zusammen.
Wie teuer wäre sie etwa? Rechne einen Überschlag.

Lösungshilfe Tabelle

2 Löse mit einer Tabelle.

a

Herr Roth hat heute 7 teure Trink-
flaschen verkauft.

b

Familie Grimm kauft
für jedes ihrer 3 Kinder ein Einrad.

c

Familie Held kauft für ihre 4 Fahrräder
die gleichen Taschen.

d

Herr Werner kauft für sich und seine
4 Kinder je ein Bügelschloss.

3 Löse die Aufgabe und kontrolliere mit einem Überschlag (Ü).

a

Lisa kauft sich das günstigste Rad und
ein Fahrrad-Navi.

b

Emma hat 645 € gespart.
Sie kauft das teuerste Rad.

c

Frau Fritz kauft ein Einrad und eine Luftpumpe. Sie bezahlt mit 200 €.

d

Tim kauft ein Rad und einen Helm.
Er bezahlt 368 €.

4 Erfinde Sachaufgaben zum Fahrradgeschäft, die zu den Rechnungen passen.
? Dein Partner löst sie.

a

500 € – 319 € =

b

268 € + 98 € =

c

200 € – 196 € =

1 Löse die Aufgaben. Nutze wenn nötig Rechentricks.

a	b	c	d	e
6 · 70 = ▪	540 : 9 = ▪	150 : 30 = ▪	▪ · 2 = 120	▪ : 40 = 2
4 · 90 = ▪	640 : 8 = ▪	240 : 60 = ▪	▪ · 8 = 720	▪ : 20 = 7
8 · 20 = ▪	280 : 4 = ▪	400 : 50 = ▪	▪ · 4 = 360	▪ : 90 = 9

 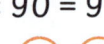

2 Welche Zahlen haben sich die Kinder gedacht? Löse mit einem Pfeilbild.

a

Leon denkt sich eine Zahl.
Er multipliziert sie mit 30, dann
halbiert er sie. Er erhält 90.

b

Nele denkt sich eine Zahl.
Sie verdoppelt sie und addiert dann
500. Sie erhält 1 000.

3 Rechne zuerst einen Überschlag, löse dann genau.

a	b	c	d
486 + 295 = ▪	638 + 187 = ▪	923 − 529 = ▪	513 − 315 = ▪
555 + 398 = ▪	469 + 247 = ▪	876 − 345 = ▪	404 − 293 = ▪

4

Apfelsaft Flasche	Preis
1	
2	3,00 €
4	
6	

5 a

Die Verkehrspolizei kauft für die Verkehrsschule
6 neue Helme für je 32 €.

b

Tom hat 700 € auf seinem Konto. Er kauft
ein Fahrrad für 459 € und einen Fahrrad-
computer für 145 €.

6 Herr Brill möchte seine Terrasse mit quadratischen
Platten belegen. Eine Platte ist so groß wie ein
Meterquadrat. Er hat einen Plan gezeichnet.
Für ein Meterquadrat hat er 4 Kästchen verwendet.
Wie viele Platten benötigt Herr Brill?

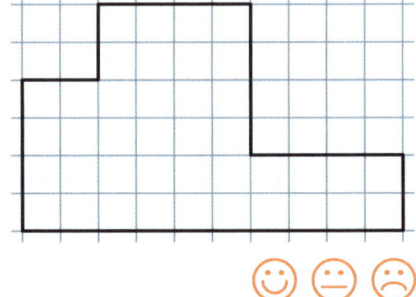

7 Zeichne ab und setze fort. Verwende ein Lineal.

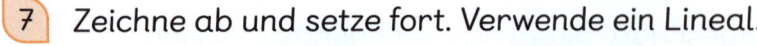

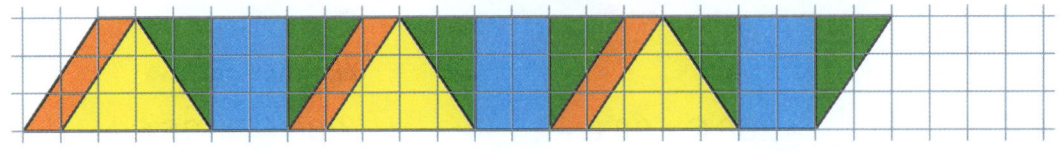

1 Baue die Figur mit Hölzchen nach.

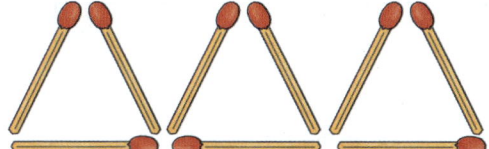

 a

Lege 2 Hölzchen um, sodass 4 Dreiecke entstehen.

b

Lege 2 Hölzchen um, sodass 2 gleich große Vierecke und ein Dreieck entstehen.

c

Lege 3 Hölzchen um, sodass 5 Dreiecke entstehen.

 2 Baue die Figur mit Hölzchen nach.

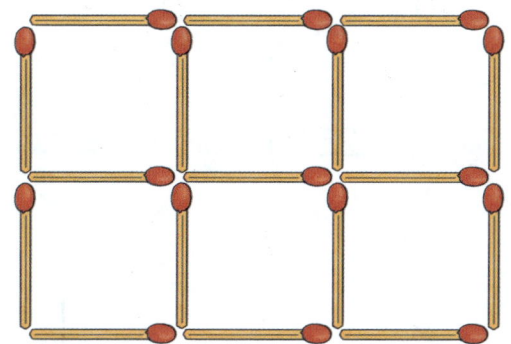

 a

Nimm 7 Hölzchen weg, sodass 2 Quadrate entstehen.

b

Nimm 6 Hölzchen weg, sodass 2 Quadrate entstehen.

c

Nimm 4 Hölzchen weg, sodass 4 Quadrate entstehen.

 3 Baue die Figur mit Hölzchen nach.

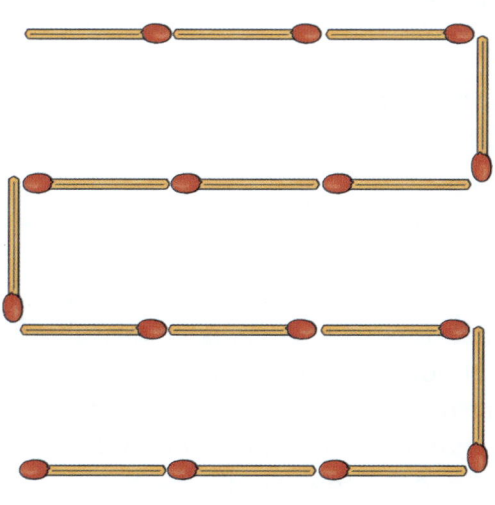

 a

Lege 5 Hölzchen um, sodass 5 Quadrate entstehen.

 b

Lege 4 Hölzchen um, sodass 4 Quadrate entstehen.

c

Lege 4 Hölzchen um, sodass 2 Quadrate entstehen.

39

Ich habe 246 gewürfelt. Das sind rund 250.

Ballons treffen

Spiel für 2 Kinder

Ihr braucht: 3 Würfel, je Spieler 10 gleichfarbige Plättchen

Spielregeln:

- Jeder Spieler wählt eine Plättchenfarbe aus.
- Der erste Spieler würfelt mit 3 Würfeln. Er bildet daraus eine dreistellige Zahl. Diese rundet er zum vollen Zehner oder vollen Hunderter. Er legt ein Plättchen in seiner Farbe auf den passenden Ballon. Nun ist der Partner an der Reihe.
- Trifft ein Spieler keinen Ballon, muss er aussetzen.
- Sieger ist, wer zuerst 10 Ballons getroffen hat.

MATHETIGER 3

Heft 3

Herausgegeben von

Thomas Laubis

Erarbeitet von

Matthias Heidenreich
Thomas Laubis
Eva Schnitzer

Unter Beratung von

Carina Benner
Rebecca Knapp
Karin Seidel

Mildenberger

Inhaltsverzeichnis

3

1 Erkläre, wie die Lehrerin rechnet. Vergleiche mit den Rechnungen der Kinder.
 Was stellst du fest?

So rechnen die Kinder:

$$213 + 154$$

Hamid

213 + 154 = 367
200 + 100 = 300
10 + 50 = 60
3 + 4 = 7
300 + 60 + 7 = 367

Emma

213 + 154 = 367
213 + 100 = 313
313 + 50 = 363
363 + 4 = 367

Finn

213 + 154 = 367
213 + 4 = 217
217 + 50 = 267
267 + 100 = 367

So rechnet die Lehrerin:

Schriftliches Addieren

H	Z	E
	2	1	3
+ 1	5	4
		7

Ich rechne in Stellen-
werten und beginne bei
den Einern.

2 Lege die Aufgaben.
Addiere schriftlich in einer Stellenwerttabelle.
Achte auf die Sprechweise.

3 E + 4 E = 7 E, schreibe 7.
1 Z + 5 Z = 6 Z, schreibe 6.
2 H + 1 H = 3 H, schreibe 3.

a	b	c
213 + 154	124 + 61	430 + 403
402 + 286	543 + 234	82 + 612
291 + 605	322 + 177	964 + 33
329 + 640	666 + 321	109 + 790

S. 4 Nr. 2

a)
H	Z	E
	2	1	3
+ 1	5	4
3	6	7

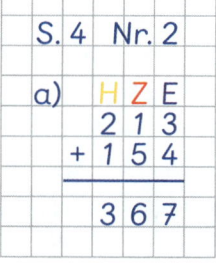

3 Finde jeweils drei Additionsaufgaben
mit den Ergebnissen 444, 555, 666
(777, 888 und 999).
Vergleiche mit deinem Partner.

Beispiele:

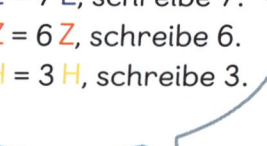

H	Z	E
1	3	0
+ 3	1	4
4	4	4

H	Z	E
2	0	1
+ 2	4	3
4	4	4

H	Z	E
2	0	1
+ 2	4	3
4	4	4

4

1 Sprechweise bei der Addition je nach Subtraktionsverfahren:
beim Entbündelungsverfahren von oben nach unten (wie auf dieser Seite), beim Ergänzungsverfahren von unten nach oben
2 Mehrsystemblöcke oder Einer, Zehner, Hunderter und Tausender (Beilagen 1 und 2) verwenden; ggf. Kopiervorlage verwenden

1 Erkläre, wie Mia rechnet.

123 + 239

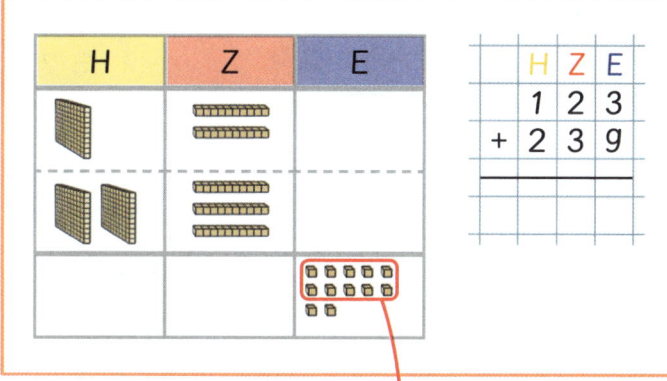

Ich beginne bei den Einern: 3 E + 9 E = 12 E. Ich wechsle 12 E in 1 Z und 2 E.

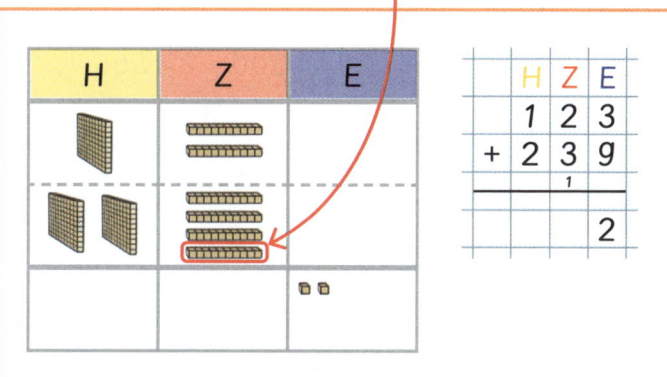

3 E + 9 E = 12 E, schreibe 2, übertrage 1. 2 Z + 3 Z + 1 Z = ▮

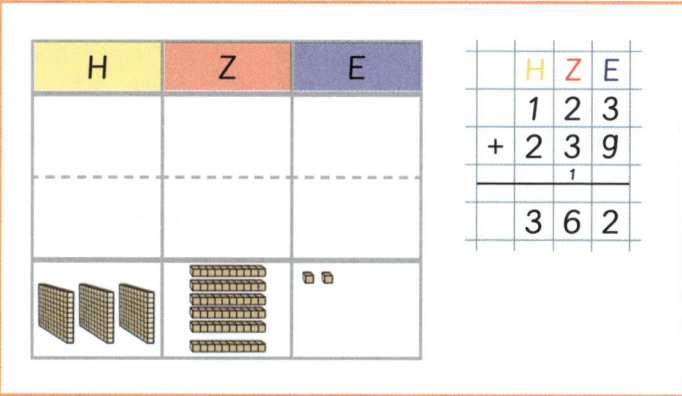

2 Z + 3 Z + 1 Z = 6 Z, schreibe 6. 1 H + 2 H = 3 H, schreibe 3.

2 Lege die Aufgaben. Wechsle, wenn nötig.
Addiere schriftlich in einer Stellenwerttabelle.

a)
123 + 239
484 + 381
524 + 107

b)
462 + 75
555 + 239
127 + 165

c)
325 + 567
287 + 452
206 + 684

S. 5	Nr. 2

a)
H	Z	E
	1	2	3
+	2	3	9
		1	
	3	6	2

362 631 865 965

292 464 537 794

739 890 892 1000

1 Sprechweise bei der Addition je nach Subtraktionsverfahren:
beim Entbündelungsverfahren von oben nach unten (wie auf dieser Seite), beim Ergänzungsverfahren von unten nach oben.
2 Mehrsystemblöcke oder Einer, Zehner, Hunderter und Tausender (Beilagen 1 und 2) verwenden; ggf. Kopiervorlage verwenden

Schriftliches Addieren

1 Lege die Aufgaben und wechsle.
Achtung: Manchmal musst du zweimal wechseln.

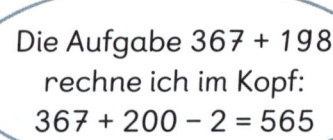

S. 6 Nr. 1

a	b	c	d
356 + 168	606 + 295	270 + 661	857 + 95
542 + 279	159 + 518	394 + 128	54 + 766
483 + 341	327 + 484	463 + 449	323 + 188

2 Im Kopf oder schriftlich? Überlege zuerst, rechne dann.

a	b	c
367 + 198	582 + 259	708 + 136
246 + 300	499 + 497	671 + 229
343 + 582	400 + 348	805 + 150

Die Aufgabe 367 + 198
rechne ich im Kopf:
367 + 200 − 2 = 565

3 Finde die fehlenden Ziffern.
Schreibe die Aufgaben vollständig ins Heft.

a 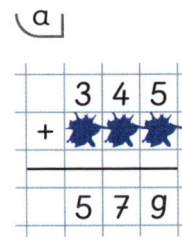 b 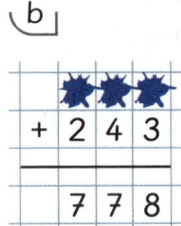 c 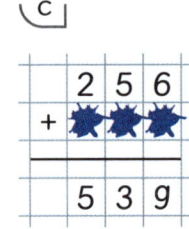 d 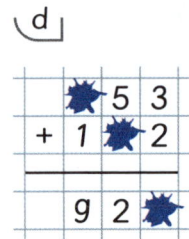 e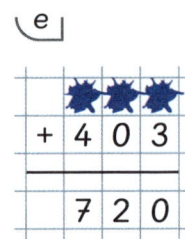

4 Finde die Fehler und beschreibe sie. Rechne dann richtig.

a 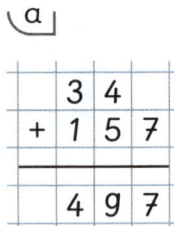 b 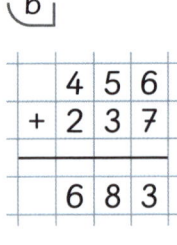 c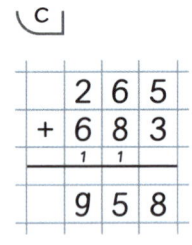

... den Übertrag vergessen.

... die Stellenwerte nicht beachtet.

... ein Übertrag zu viel.

5 Rechne zuerst einen Überschlag, addiere dann schriftlich.
Vergleiche dein Ergebnis mit dem Überschlag.

a	b	c
235 + 372	56 + 235 + 592	49 + 673 + 8
305 + 496	622 + 87 + 230	467 + 9 + 36
467 + 184	563 + 143 + 33	6 + 808 + 99

Wenn ich auf Zehner
runde, wird mein
Überschlag genauer.

1 Mehrsystemblöcke oder Einer, Zehner, Hunderter und Tausender (Beilagen 1 und 2) verwenden

1

Die größte Summe gewinnt

Spiel für 2 Kinder

Ihr braucht: *1 Würfel, 1 Spielplan*

Spielregeln:

- Würfelt abwechselnd 6-mal.
- Trage jede Würfelzahl in ein graues Feld deiner Stellenwerttabelle ein.
- Addiere die Zahlen schriftlich.
- Sieger ist, wer die größere Summe hat.

2 | 193 | 472 | 208 | 65 | 624 | 387 |

Wähle zwei Zahlen aus und addiere sie schriftlich. Rechne zuerst einen Überschlag im Kopf.

a

Die Summe soll kleiner als 500 sein.

b

Die Summe soll größer als 700 sein.

c

Die Summe soll möglichst klein sein.

d

Die Summe soll zwischen 800 und 900 liegen.

3 Setze die Aufgabenmuster um mindestens drei Aufgaben fort.

a

| 268 | 268 | 268 |
| + 307 | + 337 | + 367 |

b

| 714 | 614 | 514 |
| + 189 | + 189 | + 189 |

4 Beschreibe die Aufgabenmuster von Aufgabe 3.

5

Schillerschule			
Klasse	Schülerzahl	Jungen	Mädchen
1a	23	12	11
1b	18	9	9
2a	22	8	14
2b	25	13	12
3a	19	12	7
3b	24	11	13
4a	21	12	9
4b	26	11	15

a

Wie viele Kinder besuchen die Schillerschule?

b

Wie viele Mädchen sind es, wie viele Jungen?

c **?**

Erfinde weitere Aufgaben für deinen Partner.

1

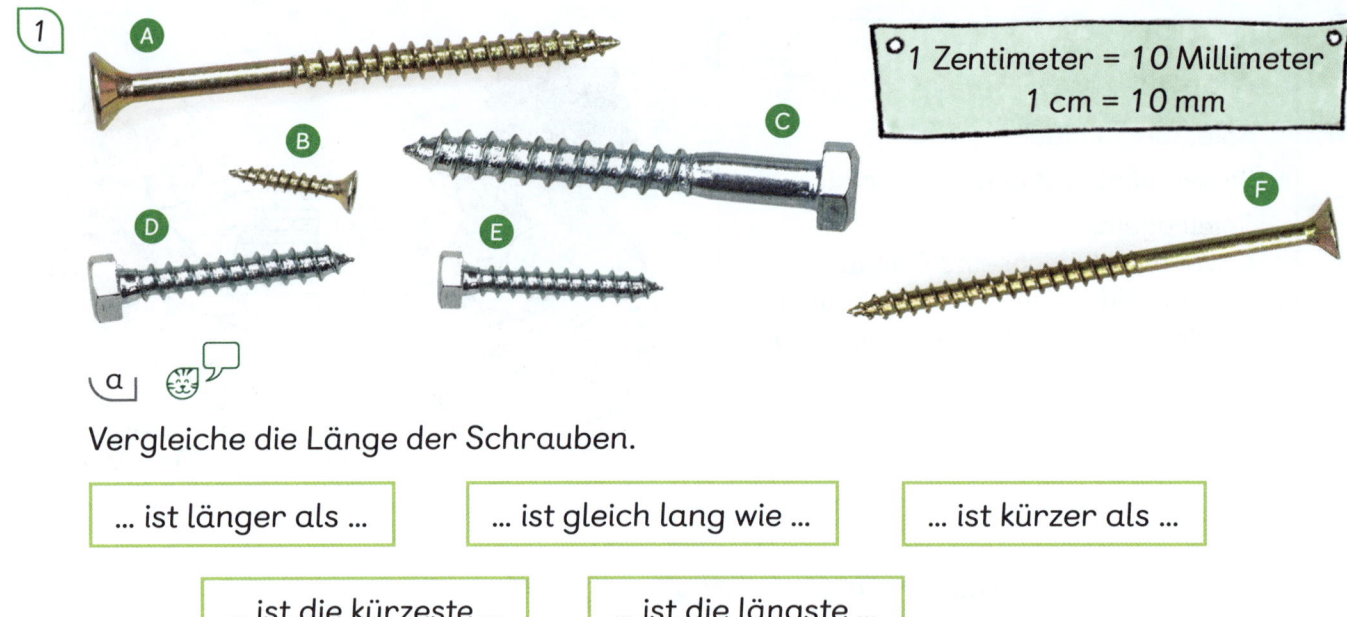

1 Zentimeter = 10 Millimeter
1 cm = 10 mm

a) Vergleiche die Länge der Schrauben.

| … ist länger als … | … ist gleich lang wie … | … ist kürzer als … |

| … ist die kürzeste … | … ist die längste … |

b) Miss die Länge der Schrauben. Schreibe so: A: 7 cm = 70 mm.

2 Schätze die Länge der Strecken.
Miss dann mit dem Lineal.

$\overline{AB}$ bedeutet Strecke von A nach B.

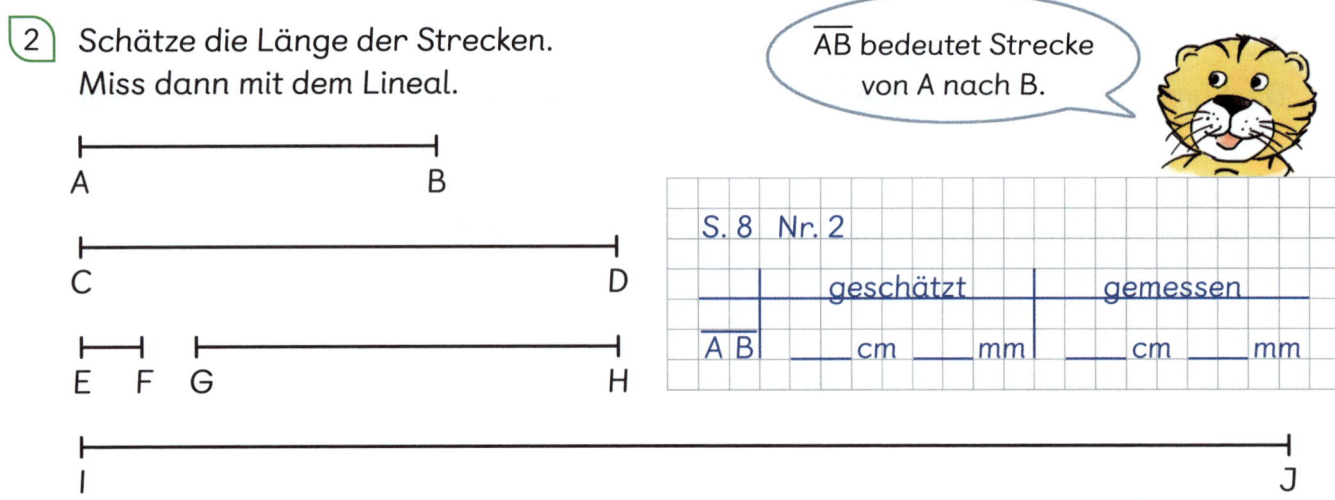

S. 8	Nr. 2		geschätzt			gemessen	
A B			___ cm	___ mm		___ cm	___ mm

3 Zeichne die Strecken mit Lineal ins Heft und schreibe die Längen dazu.

$\overline{AB}$ = 9 cm 5 mm $\overline{CD}$ = 4 cm 1 mm $\overline{EF}$ = 11 cm 8 mm

$\overline{GH}$ = 106 mm $\overline{IJ}$ = 84 mm $\overline{KL}$ = 39 mm

4 Miss die Länge der einzelnen Strecken. Berechne die Gesamtlänge.

a)   **b)**

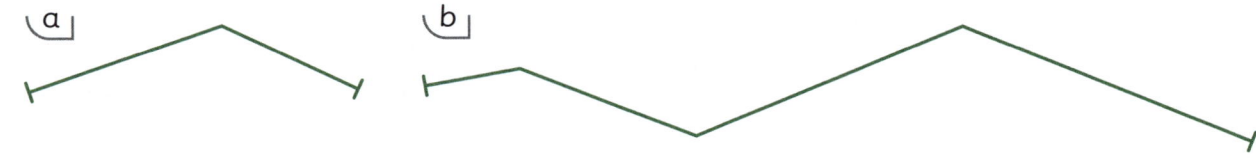

1 Sprich über die Größen der Kinder. Was bedeutet das Komma?

Du bist 1 m 37 cm groß.

1 Meter = 100 Zentimeter
1 m = 100 cm

Finn 1,45 m

Paul 1,28 m

Nele 1,41 m

Lisa

Emma 1,32 m

Ida 1,31 m

2 **a**

Trage die Größen der Kinder in eine Tabelle ein. Schreibe sie mit Komma und in gemischter Schreibweise auf.

b

Messt eure Größen und schreibt sie auf wie bei Aufgabe 2a.

S. 9 Nr. 2

a)

	1 m	1 0 cm	1 cm		
Emma	1	3	2	= 1,3 2 m	= 1 m 3 2 cm

Das Komma trennt Meter und Zentimeter.

3 Schreibe die Längenmaße auf zwei andere Arten.
Beispiel: 537 cm = 5 m 37 cm = 5,37 m

a
537 cm
816 cm
304 cm

b
3 m 51 cm
7 m 60 cm
9 m 25 cm

c
2,98 m
4,23 m
6,04 m

d
1 m 0 cm
7 m 5 cm
0 m 97 cm

4 Ordne nach der Größe. Beginne mit dem kleinsten Maß.

a
| 717 cm | 77 cm | 0,17 m | 7 m 7 cm | 7,71 m |

b
| 1,01 m | 10 m | 110 cm | 0 m 1 cm | 0,10 m |

5
80 · 3 = 240	10 · 4 = 40	2 · 90 = 180	2 · 400 = 800
60 · 5 = 300	70 · 2 = 140	9 · 30 = 270	5 · 100 = 500
40 · 9 = 360	50 · 6 = 300	0 · 10 = 0	3 · 300 = 900

1

a

Nehmt zwei Schnüre von genau einem Meter (1 m) Länge. Halbiert eine der Schnüre. Wie viele Zentimeter ist ein halber Meter ($\frac{1}{2}$ m) lang?

b

Teilt die andere Schnur in vier gleich große Teile. Wie viele Zentimeter ist ein Viertelmeter ($\frac{1}{4}$ m) lang?

c

Legt drei Teile mit jeweils einem Viertelmeter zu einem Dreiviertelmeter aneinander. Wie viele Zentimeter ist ein Dreiviertelmeter ($\frac{3}{4}$ m) lang?

2 Immer drei Kärtchen gehören zusammen. Schreibe sie geordnet ins Heft.
Beispiel: *ein Meter = 1 m = 100 cm*

ein Meter	$\frac{3}{4}$ m	100 cm	ein halber Meter

$\frac{1}{2}$ m	50 cm	25 cm	$\frac{1}{4}$ m	1 m

ein Viertelmeter	75 cm	ein Dreiviertelmeter

$$1\,m = 100\ cm$$
$$\tfrac{1}{2}\,m = 50\ cm$$
$$\tfrac{1}{4}\,m = 25\ cm$$
$$\tfrac{3}{4}\,m = 75\ cm$$

3

a
70 cm + ▦ = 1 m
55 cm + ▦ = 1 m
48 cm + ▦ = 1 m

b
20 cm + ▦ = $\frac{1}{2}$ m
17 cm + ▦ = $\frac{1}{2}$ m
31 cm + ▦ = $\frac{1}{2}$ m

c
10 cm + ▦ = $\frac{1}{4}$ m
18 cm + ▦ = $\frac{1}{4}$ m
4 cm + ▦ = $\frac{1}{4}$ m

d
$\frac{1}{2}$ m + ▦ = 1 m
$\frac{1}{4}$ m + ▦ = 1 m
$\frac{3}{4}$ m + ▦ = 1 m

4 Setze >, <, = oder passende Zahlen ein.

a
580 cm ⬤ 5,08 m
100 cm ⬤ 0,10 m
38 cm ⬤ 0,38 m

b
25 cm ⬤ $\frac{3}{4}$ m
0,50 cm ⬤ $\frac{1}{2}$ m
1 m 4 cm ⬤ $\frac{1}{4}$ m

c
27 m ⬤ 270 cm
45 cm ⬤ 4,05 m
$\frac{3}{4}$ m ⬤ 75 m

d
1,02 m = ▦
5 cm 3 mm < ▦
8 m 9 cm > ▦

Meter und Zentimeter – Sachrechnen

1 Welche Skizze passt zu welcher Aufgabe? Ordne zu, löse und schreibe eine Antwort (A).

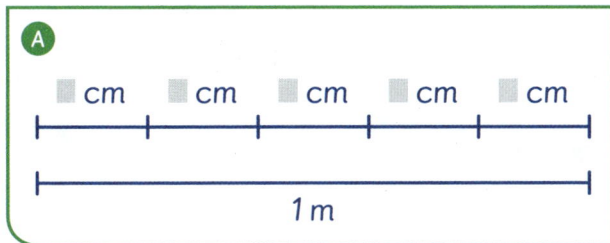

1 Tina war bei ihrer Geburt 54 cm groß. Seither ist sie 78 cm gewachsen.
Wie groß ist Tina heute?

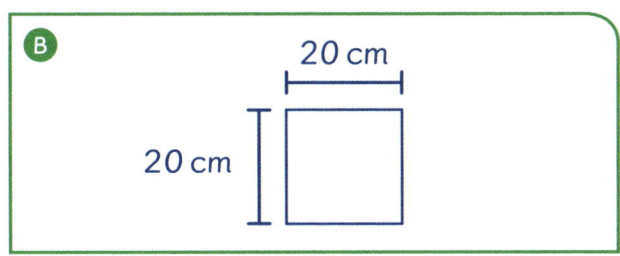

2 Finn schneidet eine 1 m lange Schnur in gleich lange Stücke. Er schneidet 4-mal.
Wie lang ist jedes Stück?

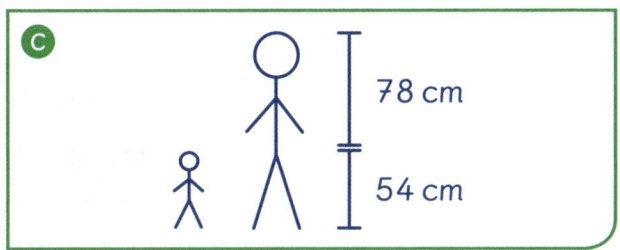

3 Max möchte ein Quadrat aus Draht biegen. Jede Seite soll 20 cm lang sein.
Wie viel cm Draht braucht er?

2  **a**

Das Volleyballfeld ist 18 m lang und 9 m breit.
Linus rennt eine Runde um das Feld. Wie viele Meter ist er gerannt?

Lösungshilfe Skizze

b

Herr Winkler ist 1,91 m groß. Seine Tochter Nele ist 56 cm kleiner als er.
Wie groß ist Nele?

 c

Mascha kann 2,37 m weit springen. Tom springt 43 cm weiter als Mascha. Lisa springt halb so weit wie Mascha und Tom zusammen. Wie weit kann Lisa springen?

3 Erfinde Sachaufgaben, die zu den Skizzen passen. Dein Partner löst sie.

?

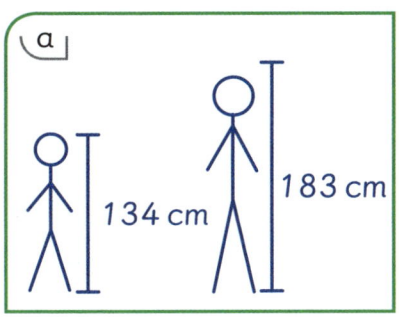

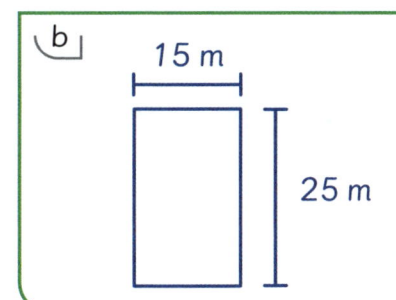

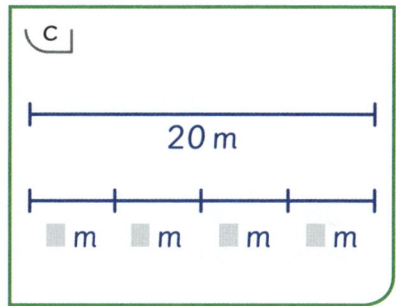

11

1

a

Beschreibe die Würfelgebäude.
Aus wie vielen Steckwürfeln besteht jedes Würfelgebäude?
Baue sie zur Kontrolle nach.

b

Ergänze jedes Würfelgebäude im Kopf zu einem Quader oder Würfel.
Wie viele Steckwürfel brauchst du jeweils? Baue zur Kontrolle nach.

2 Mia hat ein eigenes Würfelgebäude gebaut. Sie behauptet:
„Mein Würfelgebäude besteht aus $3 \cdot 4 + 2 \cdot 4 + 1 \cdot 2$ Steckwürfeln."
Erkläre die Rechnung von Mia.

3 Jeder baut ein Würfelgebäude, das zu der Rechnung passt, und löst die Aufgabe.
Vergleicht eure Würfelgebäude. Was stellt ihr fest?

  a $3 \cdot 3 + 1 \cdot 3 + 1 \cdot 1$ **b** $5 \cdot 4 + 4 \cdot 3 + 3 \cdot 2$ **c** $7 \cdot 1 + 5 \cdot 1 + 3 \cdot 1 + 1 \cdot 1$

4 Jeder baut ein Würfelgebäude mit 30 Steckwürfeln und schreibt eine Rechnung auf.
Vergleicht die Würfelgebäude und die Rechnungen. Was stellt ihr fest?

5 Baue ein Würfelgebäude, das zu der Rechnung passt. Löse und kontrolliere.
Welche Form haben die Würfelgebäude?

  a $3 \cdot 3 \cdot 3$ **b** $2 \cdot 3 \cdot 4$ **c** $4 \cdot 4 \cdot 2$ **d** $1 \cdot 5 \cdot 6$

✓

6 Rechne zuerst einen Überschlag, addiere dann schriftlich.

a	**b**	**c**	**d**
$361 + 346$	$452 + 284$	$217 + 183 + 394$	$76 + 638 + 104$
$840 + 128$	$509 + 175$	$395 + 162 + 283$	$53 + 425 + 269$

1

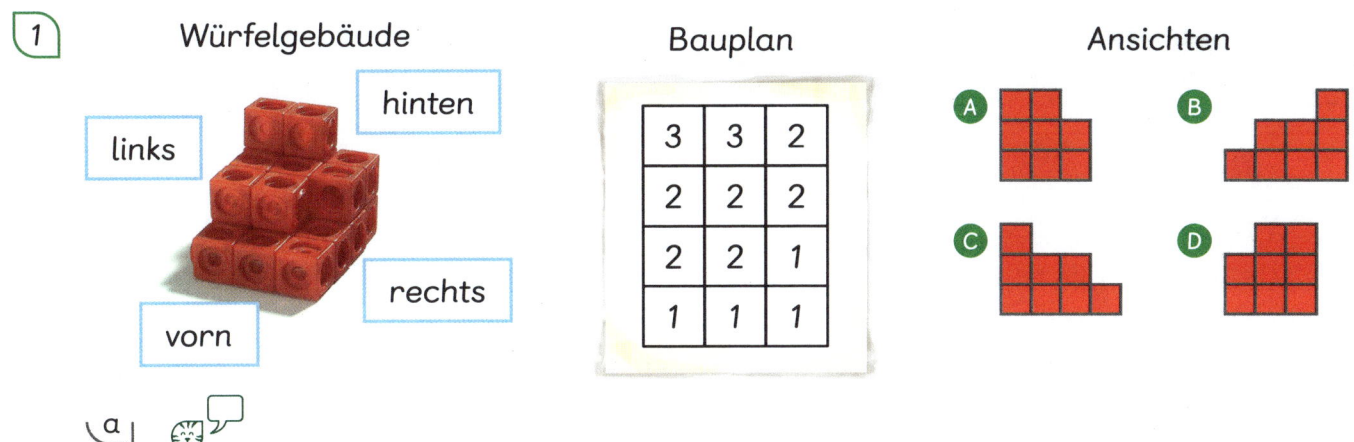

Würfelgebäude

links
hinten
vorn
rechts

Bauplan

3	3	2
2	2	2
2	2	1
1	1	1

Ansichten

A B C D

a

Erläre, wie der Bauplan zu dem Würfelgebäude aufgebaut ist.

b

Mit dem Bauplan kannst du herausfinden, aus wie vielen Steckwürfeln das Würfelgebäude besteht. Schreibe eine Rechnung auf.

c

Baue das Würfelgebäude nach und ordne die Ansichten zu.
Schreibe so: von links: C

2 **a**

Aus wie vielen Steckwürfeln bestehen die Würfelgebäude zu den Bauplänen?
Rechne aus. Baue die Würfelgebäude zur Kontrolle nach.

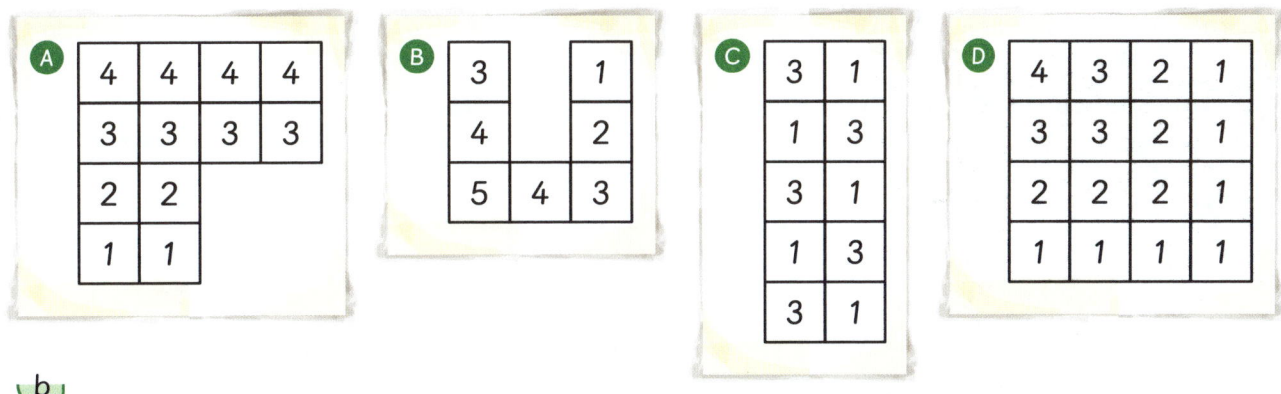

A
4	4	4	4
3	3	3	3
2	2		
1	1		

B
3		1
4		2
5	4	3

C
3	1
1	3
3	1
1	3
3	1

D
4	3	2	1
3	3	2	1
2	2	2	1
1	1	1	1

b

Zeichne zu jedem Würfelgebäude die vier Ansichten.

3 **a**

Ein Würfelgebäude hat diese vier Ansichten.
Baue das Würfelgebäude nach und zeichne einen Bauplan.

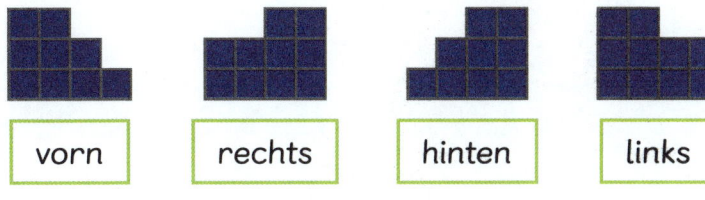

vorn rechts hinten links

b

Vergleiche mit deinem Partner. Was stellt ihr fest?

13

1

Drillinge

Vierlinge

 a

Mit drei Würfeln könnt ihr zwei unterschiedliche Drillinge bauen.
Wie viele unterschiedliche Vierlinge könnt ihr mit vier Würfeln bauen?
Geht geschickt vor. Stellt euer Ergebnis in einer Mathekonferenz vor.

b

Vergleicht euer Ergebnis mit anderen Partnern. Überprüft, ob ihr alle acht
Möglichkeiten gefunden habt. Begründet, warum es nicht mehr Möglichkeiten gibt.

2

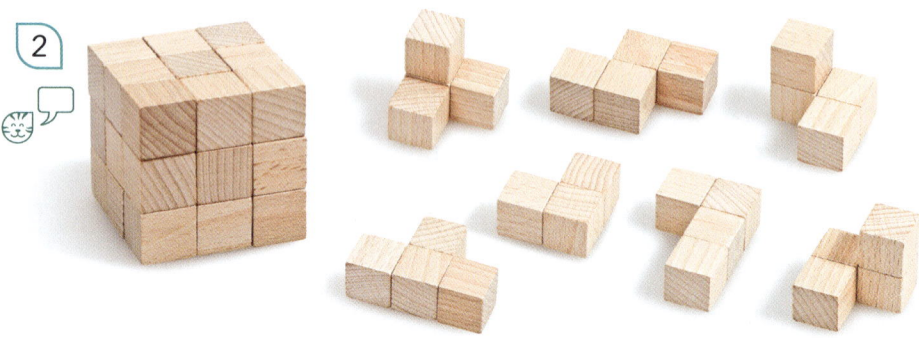

> Der Soma-Würfel
> besteht aus sieben
> Teilen, aus denen
> man einen Würfel
> und viele andere
> Gebäude bauen kann.

Vergleiche die Teile des Soma-Würfels mit euren Drillingen und Vierlingen.
Was stellst du fest?

3 Baue die Gebäude aus zwei Teilen des Soma-Würfels.

Ⓐ  Ⓑ  Ⓒ

4 Baue die Gebäude aus allen sieben Teilen des Soma-Würfels.

Ⓐ  Ⓑ  Ⓒ

5 Erfinde eigene Gebäude. Wie sehen die Gebäude aus?

? Gib ihnen Namen. Dein Partner baut die Gebäude nach.

1 In den Kreisdiagrammen ist dargestellt, wie die Kinder der 3. Klassen zur Schule kommen.

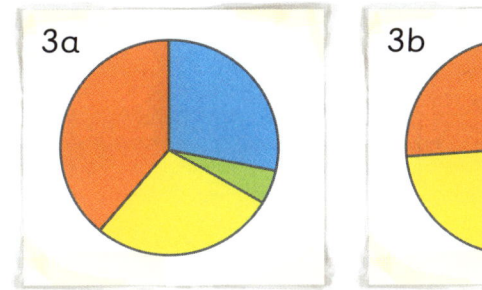 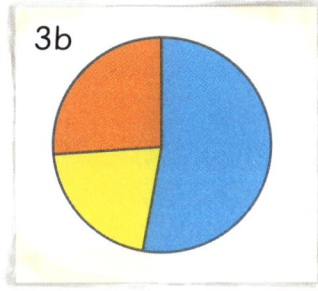 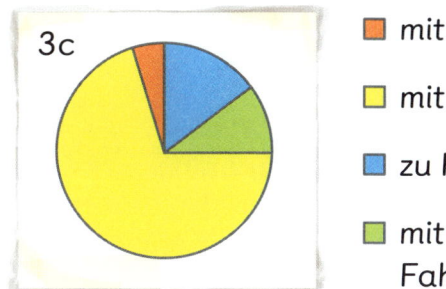

■ mit dem Auto

■ mit dem Bus

■ zu Fuß

■ mit dem Fahrrad

 a

Ordne die Aussagen den Klassen zu.

A Die meisten Kinder kommen mit dem Bus.

B Kein Kind kommt mit dem Fahrrad.

C Mit dem Bus kommen gleich viele Kinder wie zu Fuß.

D Zu Fuß kommen mehr Kinder als mit allen anderen Verkehrsmitteln.

 b

Was kannst du an den Diagrammen noch ablesen? Schreibe zu jeder Klasse weitere Aussagen auf.

 c

In der Klasse 3a sind 21 Kinder. Wie viele Kinder kommen mit dem Auto, mit dem Bus, zu Fuß und mit dem Fahrrad? Schätze und begründe.

2 In die Waldschule kommen 65 Kinder mit dem Bus und 50 Kinder zu Fuß.

a

Welches Kreisdiagramm passt?

b

Schätze, wie viele Kinder mit dem Fahrrad und wie viele mit dem Auto kommen.

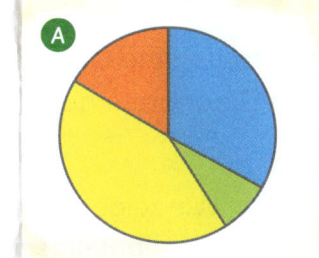 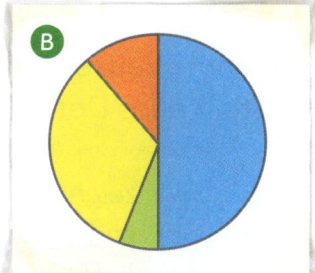

3				
18 : 3 = 6	16 : 2 = 8	10 : 10 = 1	12 : 6 = 2	63 : 7 = 9
45 : 5 = 9	30 : 6 = 5	72 : 8 = 9	30 : 3 = 10	40 : 8 = 5
36 : 9 = 4	24 : 4 = 6	49 : 7 = 7	15 : 5 = 3	32 : 4 = 8

3 Stoppuhr oder Sanduhr verwenden

1

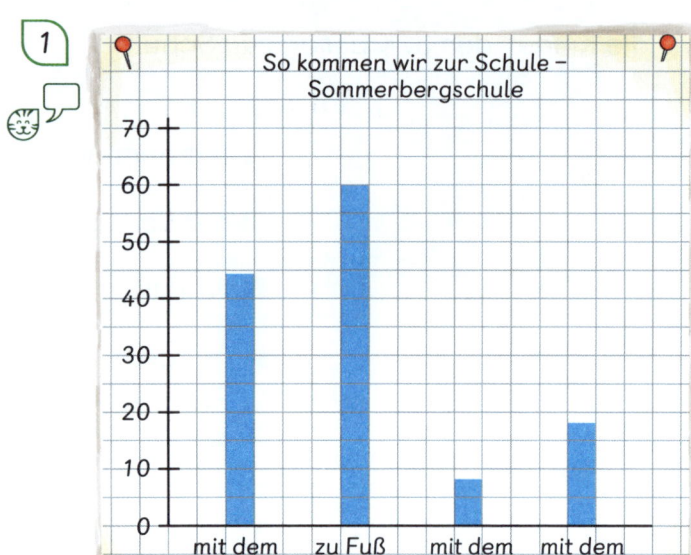

So kommen wir zur Schule – Sommerbergschule

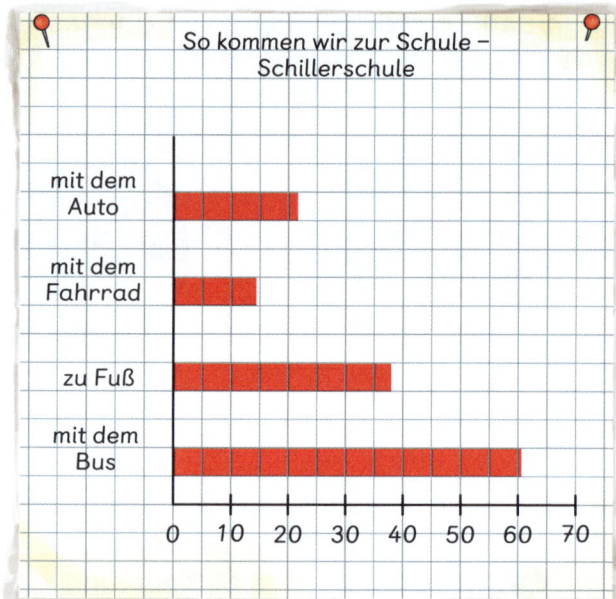

So kommen wir zur Schule – Schillerschule

a

Die Schülerinnen und Schüler von zwei Schulen haben eine Umfrage zum Schulweg durchgeführt. Die Ergebnisse haben sie in Diagrammen dargestellt. Vergleiche.

b

Wie viele Kinder kommen jeweils mit dem Bus, zu Fuß, mit dem Fahrrad und mit dem Auto zur Schule?

c

Wie viele Kinder besuchen die Sommerbergschule, wie viele die Schillerschule?

Säulen- oder Balkendiagramm? Säulen stehen – Balken liegen.

2 Führt in eurer Klasse ebenfalls eine Umfrage zum Schulweg durch. Stellt eure Daten in einem Diagramm dar und präsentiert es in der Klasse.

Wir zeichnen ein Säulendiagramm auf ein Plakat.

Wir zeigen eine Strichliste auf einer Folie.

Wir haben noch eine Idee.

Wir erstellen am Computer ein Kreis-diagramm.

Umfrage vom MATHETIGER

Schule: _____   Klasse: _____

So kommen wir (meistens) zur Schule:

mit dem Bus	
zu Fuß	
mit dem Fahrrad	
mit dem Auto	
sonstiges	

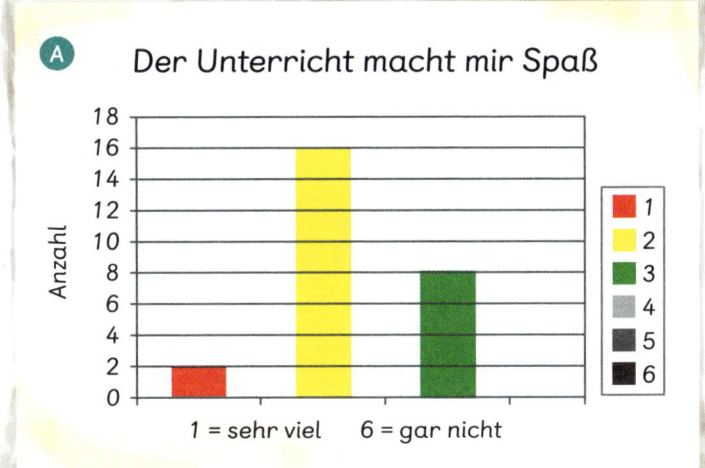

A Der Unterricht macht mir Spaß

1 = sehr viel   6 = gar nicht

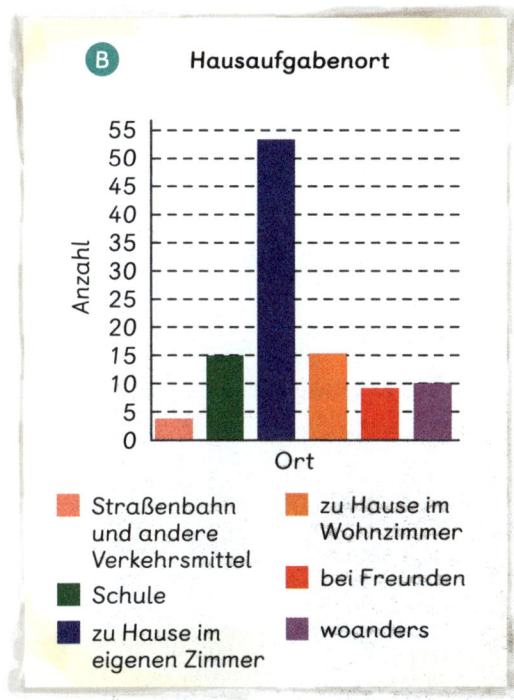

B Hausaufgabenort

Ort

Straßenbahn und andere Verkehrsmittel — zu Hause im Wohnzimmer
Schule — bei Freunden
zu Hause im eigenen Zimmer — woanders

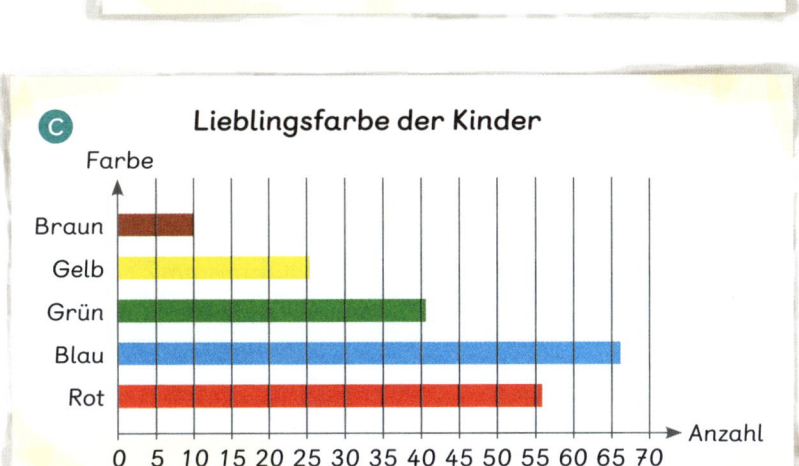

C Lieblingsfarbe der Kinder

Farbe: Braun, Gelb, Grün, Blau, Rot

Anzahl

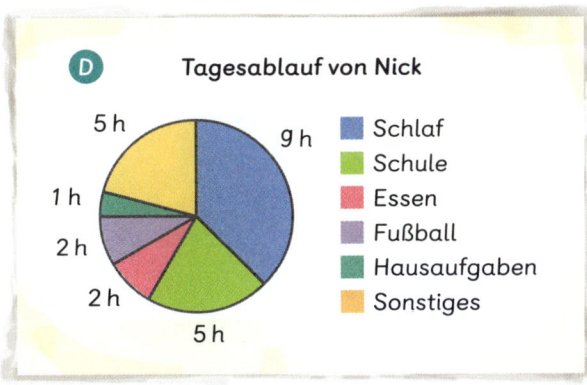

D Tagesablauf von Nick

Schlaf, Schule, Essen, Fußball, Hausaufgaben, Sonstiges

E Wie häufig bist du pro Woche im Internet?

täglich   1-mal pro Woche   2–6-mal pro Woche   Sonstiges

1 Hier sind verschiedene Diagramme rund um die Schule abgebildet.

a
Welche Arten von Diagrammen sind es?

b
Untersucht die Diagramme. Was ist dargestellt? Was kann man ablesen?
Welche Informationen fehlen?

2 Sucht in Zeitungen, Zeitschriften und im Internet nach Diagrammen.
Was zeigen die Diagramme? Was kann man ablesen? Was kann man nicht ablesen?

SPEISEKARTE

Vorspeise
Kleiner Salat
Tomatensuppe

Hauptgericht
Schnitzel mit Pommes
Nudeln mit Tomatensoße
Fischstäbchen mit Reis

Nachspeise
Obstsalat
Gemischtes Eis

1 **a**

Nele behauptet: „Aus der Speisekarte kann ich
12 verschiedene Menüs mit Vorspeise, Hauptgericht
und Nachspeise auswählen."
Wie kommt Nele zu der Behauptung?

b

Legt mit Kärtchen alle Möglichkeiten und schreibt sie auf.
Geht geschickt vor. Ist Neles Behauptung richtig?

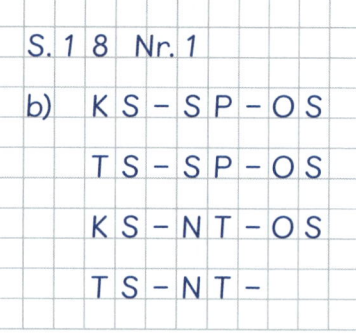

Kleiner Salat (KS)

Tomatensuppe (TS)

Schnitzel mit Pommes (SP)

Nudeln mit Tomatensoße (NT)

Fischstäbchen mit Reis (FR)

Obstsalat (OS)

Gemischtes Eis (GE)

2 Mit einem Baumdiagramm kannst du alle Möglichkeiten darstellen.
Erkläre, wie das Baumdiagramm entstanden ist.

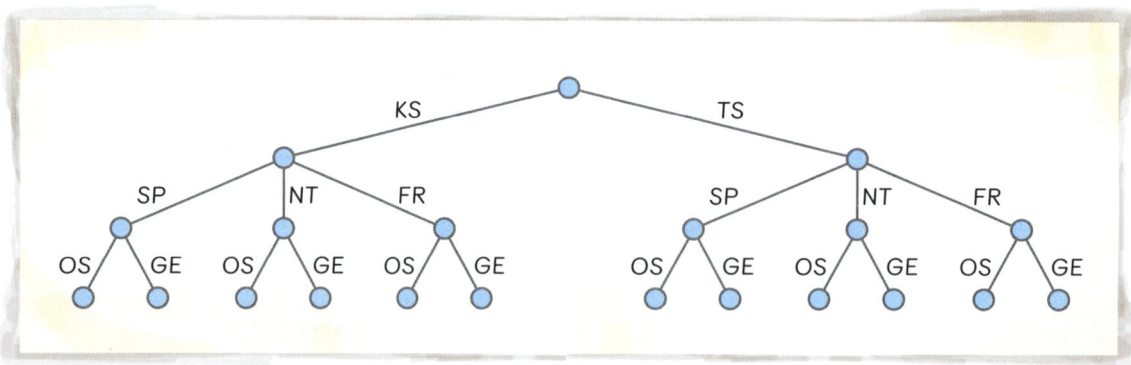

3 Tom möchte keine Vorspeise. Der Kellner bietet ihm dafür als dritte Nachspeise
einen Vanillepudding (VP) zur Auswahl an. Wie viele Möglichkeiten gibt es?
Zeichne ein Baumdiagramm und schreibe eine passende Multiplikationsaufgabe auf.

4 In einem anderen Restaurant gibt es 3 Vorspeisen, 4 Hauptgerichte und
3 Nachspeisen. Wie viele Möglichkeiten gibt es für ein Menü aus Vorspeise,
Hauptgericht und Nachspeise? Schreibe eine passende Multiplikationsaufgabe auf.

Im Park – Kombinatorik

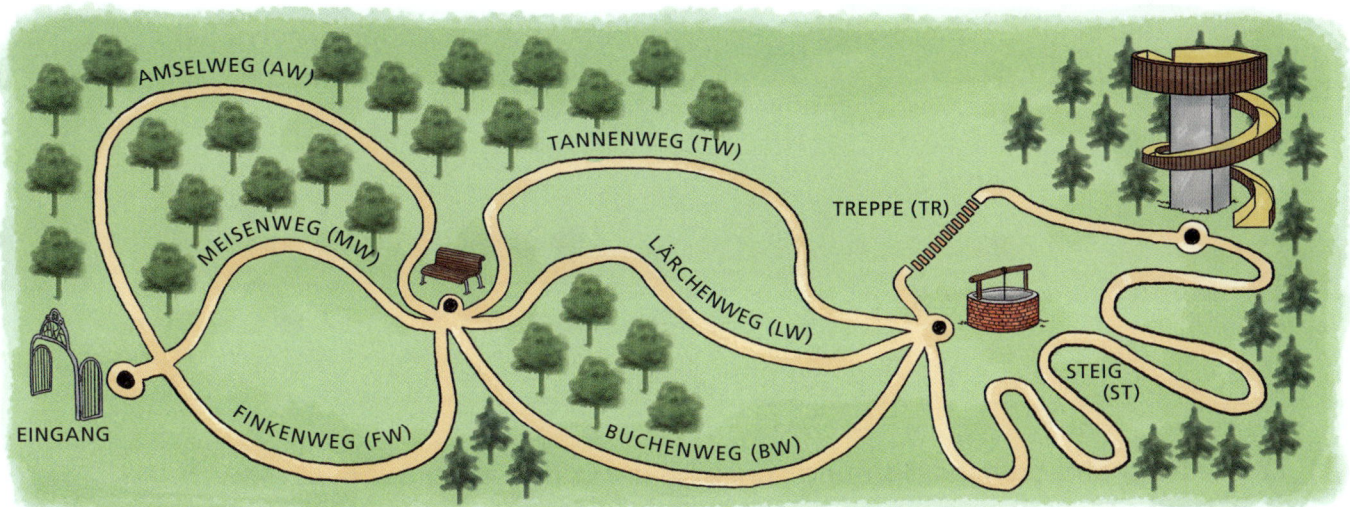

1 a

Vom Parkeingang kann man auf verschiedenen Wegen zum Aussichtsturm gelangen. Zeige mehrere Wege und benenne sie.

Lösungshilfe Baumdiagramm

b

Wie viele verschiedene Möglichkeiten gibt es? Zeichne ein Baumdiagramm und schreibe eine passende Multiplikationsaufgabe auf.

2 Es soll noch ein Weg zusätzlich gebaut werden, damit es 24 Möglichkeiten gibt, zum Aussichtsturm zu gelangen. Wo könnte der Weg gebaut werden?

Tipp: Verändere die Multiplikationsaufgabe von Aufgabe 1b.

3 Für Bauarbeiten müssen 2 Wege gesperrt werden. Es soll aber trotz der Sperrung noch 8 verschiedene Möglichkeiten geben, auf den Aussichtsturm zu gelangen. Welche Wege können gesperrt werden? Finde mehrere Möglichkeiten.

4 Max und Nele starten gemeinsam beim Eingang und wollen sich auf dem Aussichtsturm treffen. Sie möchten nicht den gleichen Weg gehen. Nele behauptet: „Dann haben wir $6 + 6 + 2 = 14$ Möglichkeiten für den Weg zum Aussichtsturm." Hat Nele recht? Begründe.

5 Wie heißen jeweils die größtmögliche und die kleinstmögliche Zahl?

a

Ü: $350 + 520 = 870$

$349 + 5$

b

Ü: $460 + 280 = 740$

4⬛⬛ $+ 284$

c

Ü: $270 + 730 = 1\,000$

⬛⬛⬛ $+$

1 Rechne zuerst einen Überschlag, addiere dann schriftlich.

 a] 438 + 276   b] 709 + 45

c] 165 + 829   d] 261 + 374 + 97

😊 😐 ☹️

2 Finde die fehlenden Ziffern. Schreibe die Aufgaben vollständig ins Heft.

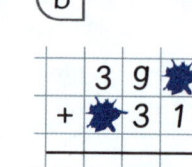 a]   b]

	5	1	7
+	✦	✦	✦
	8	5	2

		3	9	✦
+	✦	3	1	
	7	✦	0	

😊 😐 ☹️

3 Zeichne die Strecken ins Heft und schreibe die Länge dazu.

$\overline{AB}$ = 5 cm 8 mm $\overline{CD}$ = 72 mm $\overline{EF}$ = 123 mm

 😊 😐 ☹️

4 Schreibe auf zwei andere Arten.

a] 654 cm   b] 1 m 9 cm   c] 3,15 m   d] 0,75 m

  😊 😐 ☹️

5 a] 52 cm + ▮ = 1 m   b] 30 cm + ▮ = $\frac{1}{2}$ m   c] 14 cm + ▮ = $\frac{1}{4}$ m

 😊 😐 ☹️

6 Finde einen Lösungsweg (L) mit Skizze. Schreibe eine Antwort (A) auf.
Mia ist 1,43 m groß. Ihre Schwester Ela ist 19 cm größer. Wie groß ist Ela?

 😊 😐 ☹️

7

Lieblingsfarben der Kinder

andere
Grün
Blau
Rot

0 10 20 30 40

a] Wie viele Kinder haben die Lieblingsfarbe Rot, Blau oder Grün?

b] Wie viele Kinder wurden insgesamt befragt?

   😊 😐 ☹️

8

hinten

links

rechts

vorn

a] Zeichne einen Bauplan.

b] Aus wie vielen Würfeln besteht das Würfelgebäude? Schreibe eine Rechnung auf.

c] Zeichne die Ansicht von vorn und von rechts.

   😊 😐 ☹️

Wichtige Aufgaben der fünften Lerneinheit (Heft 3, Seite 4–19) wiederholen;
Selbsteinschätzung: entsprechend dem Können der Aufgabe passenden Smiley ins Heft malen

1 Die Zahlenkombination von Mias Fahrradschloss hat drei Stellen. Sie kann sich nicht an die richtige Zahl erinnern. Mia weiß aber, dass die Zahl aus einer 1, einer 3 und einer 6 besteht.
Welche Möglichkeiten hat sie?

2

 **a**

Beim Kindergeburtstag stoßen die Kinder miteinander an. Es sind 6 Kinder da.
Wie oft hört man Gläserklingen, wenn jedes Kind mit jedem genau einmal anstößt?

b

Wie oft hört man Gläserklingen bei 8, 10 und 12 Kindern? Finde eine Rechnung und begründe.

3 An einem Fußballturnier nehmen 6 Mannschaften teil. Es gibt 3 Spielrunden:
- In der ersten Spielrunde spielt jede Mannschaft gegen jede andere.
- In der zweiten Spielrunde spielen die 3 besten Mannschaften gegeneinander.
- In der dritten Spielrunde bestreiten die besten beiden Mannschaften das Endspiel.

Wie viele Spiele werden bei dem Turnier gespielt?

4

In einer Obstschale liegen viele Obststücke. Die Hälfte davon sind Äpfel. Ein Viertel sind Birnen. Der Rest sind 6 Bananen.
Wie viele Obststücke sind es insgesamt?

1 Erkläre, wie die Lehrerin rechnet. Vergleiche mit den Rechnungen der Kinder. Was stellst du fest?

So rechnen die Kinder:

538 – 214

Emma

$$538 - 214 = 324$$
$$538 - 200 = 338$$
$$338 - 10 = 328$$
$$328 - 4 = 324$$

Finn

$$538 - 214 = 324$$
$$538 - 4 = 534$$
$$534 - 10 = 524$$
$$524 - 200 = 324$$

Hamid

$$538 - 214 = 324$$
$$500 - 200 = 300$$
$$30 - 10 = 20$$
$$8 - 4 = 4$$
$$300 + 20 + 4 = 324$$

So rechnet die Lehrerin:

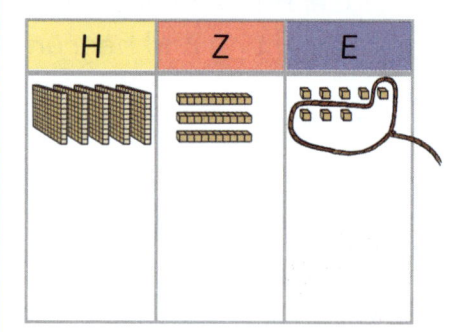

Schriftliches Subtrahieren

H	Z	E

$$\begin{array}{ccc} & \text{H} & \text{Z} & \text{E} \\ & 5 & 3 & 8 \\ - & 2 & 1 & 4 \\ \hline & & & 4 \end{array}$$

Ich rechne in Stellenwerten und beginne bei den Einern.

2 Lege die Aufgaben. Subtrahiere schriftlich in einer Stellenwerttabelle. Achte auf die Sprechweise.

a)
538 – 214
652 – 441
786 – 263
479 – 137

b)
156 – 125
575 – 320
743 – 403
828 – 116

c)
698 – 332
919 – 809
764 – 31
888 – 576

8 E – 4 E = 4 E, schreibe 4.
3 Z – 1 Z = 2 Z, schreibe 2.
5 H – 2 H = 3 H, schreibe 3.

S. 22 Nr. 2

a)

H	Z	E
5	3	8
– 2	1	4
3	2	4

3 Finde jeweils drei Subtraktionsaufgaben mit den Ergebnissen 111, 222, 333 (444, 555 und 666). Vergleiche mit deinem Partner.

Beispiele:

H	Z	E
5	3	7
– 4	2	6
1	1	1

H	Z	E
8	1	6
– 7	0	5
1	1	1

H	Z	E
2	9	4
– 1	8	3
1	1	1

Alternativ: Subtraktion im Ergänzungsverfahren siehe Seiten 25 bis 27
2 Mehrsystemblöcke oder Einer, Zehner, Hunderter und Tausender (Beilagen 1 und 2) verwenden; ggf. Kopiervorlage verwenden

1 Erkläre, wie Mia rechnet. Überlege auch, wie man einen Hunderter entbündeln kann.

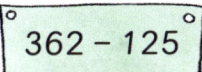

362 – 125

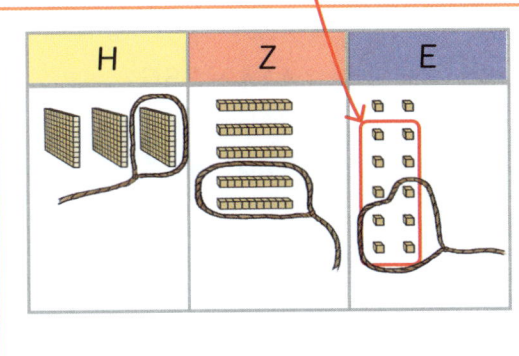

	H	Z	E
	3	6	2
–	1	2	5

Ich beginne bei den Einern:
2 E – 5 E geht nicht.
Ich wechsle 1 Z in 10 E.

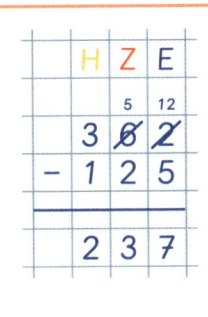

	H	Z	E
		5	12
	3	6̶	2̶
–	1	2	5
	2	3	7

12 E – 5 E = 7 E, schreibe 7.
5 Z – 2 Z = 3 Z, schreibe 3.
3 H – 1 H = 2 H, schreibe 2.

2 Lege die Aufgaben. Entbündle, wenn nötig.
Subtrahiere schriftlich in einer Stellenwerttabelle.

a
362 – 125
653 – 436
528 – 350

178 217 237 326

b
375 – 92
934 – 617
826 – 555

183 271 283 317

c
234 – 164
479 – 382
637 – 218

70 97 170 419

S.23 Nr.2

a)
	H	Z	E
		5	12
	3	6̶	2̶
–	1	2	5
	2	3	7

3 Subtrahiere schriftlich in einer Stellenwerttabelle.
Kontrolliere mit der Umkehraufgabe.

a
316 – 209
562 – 482
746 – 338

b
807 – 532
395 – 86
926 – 707

c
783 – 548
634 – 391
887 – 469

S.23 Nr.3

a)
	H	Z	E
		0	16
	3	1̶	6̶
–	2	0	9
	1	0	7

K:
	H	Z	E
	1	0	7
+	2	0	9
	3	1	6

Alternativ: Subtraktion im Ergänzungsverfahren siehe Seiten 25 bis 27
2 Mehrsystemblöcke oder Einer, Zehner, Hunderter und Tausender (Beilagen 1 und 2) verwenden;
ggf. Kopiervorlage verwenden

1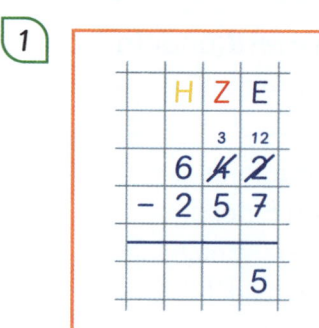

642 – 257

2 E – 7 E geht nicht.
Ich wechsle 1 Z in 10 E.
12 E – 7 E = 5 E, schreibe 5.

3 Z – 5 Z geht nicht.
Ich wechsle 1 H in 10 Z.
13 Z – 5 Z = 8 Z, schreibe 8.
5 H – 2 H = 3 H, schreibe 3.

Subtrahiere schriftlich in einer Stellenwerttabelle.

a	b	c	d
642 – 257	823 – 344	673 – 286	414 – 356
712 – 435	345 – 67	936 – 789	940 – 167
556 – 379	152 – 93	507 – 245	875 – 498

177 277 377 385

49 59 278 479

147 262 387 462

58 78 377 773

2 Subtrahiere schriftlich.
Kontrolliere mit der Umkehraufgabe.

a	b	c
637 – 268	563 – 358	640 – 596
424 – 157	912 – 824	872 – 385
381 – 98	465 – 86	154 – 55

S. 24 Nr. 2
a)
637
–268
369

K: 369
+268
637

3 Subtrahiere schriftlich. Kontrolliere mit der Umkehraufgabe.

Vorsicht mit der Null!
Wenn kein Zehner zum
Entbündeln da ist, wechsle
ich zuerst einen Hunderter,
danach einen Zehner.

800
–426
4

a	b
800 – 426	200 – 189
500 – 258	900 – 637
600 – 313	400 – 261
1 000 – 175	1 000 – 142

4 Subtrahiere immer zwei Zahlen schriftlich. Rechne mindestens fünf Aufgaben.

437   369   700   274   591

24

1 Erkläre, wie die Lehrerin rechnet. Vergleiche mit den Rechnungen der Kinder.
Was stellst du fest?

So rechnen die Kinder:

356 – 125

Emma

$356 - 125 = 231$
$356 - 100 = 256$
$256 - 20 = 236$
$236 - 5 = 231$

Finn

$356 - 125 = 231$
$356 - 5 = 351$
$351 - 20 = 331$
$331 - 100 = 231$

Hamid

$356 - 125 = 231$
$300 - 100 = 200$
$50 - 20 = 30$
$6 - 5 = 1$
$200 + 30 + 1 = 231$

So rechnet die Lehrerin:

Schriftliches Subtrahieren

H	Z	E

	3	5	6
–	1	2	5
			1

> Ich lege beide Zahlen und ergänze die Stellenwerte. Ich beginne bei den Einern.

2 Lege die Aufgaben. Subtrahiere schriftlich in einer Stellenwerttabelle. Achte auf die Sprechweise.

> $5E + 1E = 6E$, schreibe 1.
> $2Z + 3Z = 5Z$, schreibe 3.
> $1H + 2H = 3H$, schreibe 2.

a)
356 – 125
483 – 263
555 – 321
938 – 604

b)
275 – 62
487 – 203
828 – 116
742 – 330

c)
345 – 234
687 – 52
570 – 320
961 – 541

S. 25 Nr. 2

a)

H	Z	E
3	5	6
–1	2	5
2	3	1

3 Finde jeweils drei Subtraktionsaufgaben mit den Ergebnissen 111, 222, 333 (444, 555 und 666). Vergleiche mit deinem Partner.

Beispiele:

H	Z	E
4	2	6
–3	1	5
1	1	1

H	Z	E
6	2	4
–5	1	3
1	1	1

H	Z	E
9	1	5
–8	0	4
1	1	1

Alternativ: Subtraktion im Entbündelungsverfahren siehe Seiten 22 bis 24
2 Mehrsystemblöcke oder Einer, Zehner, Hunderter und Tausender (Beilagen 1 und 2) verwenden; ggf. Kopiervorlage verwenden

1 Erkläre, wie Mia rechnet.

652 − 237

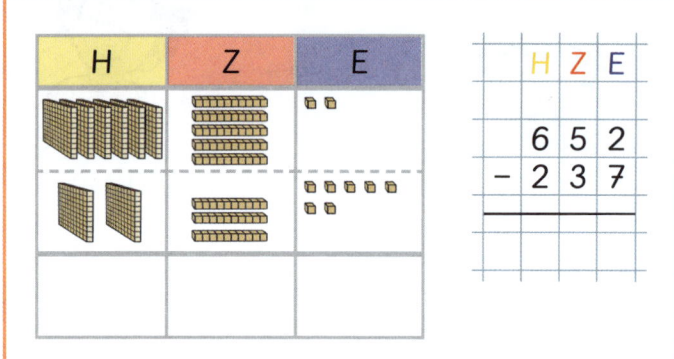

> 7 E + **wie viel** E = 2 E geht nicht.
> Ich erhöhe die obere Zahl um 10 E
> und die untere Zahl um 1 Z.
> Der Unterschied bleibt gleich.

> 7 E + **5** E = 12 E, schreibe 5,
>   übertrage 1.
> 4 Z + 1 Z = 5 Z, schreibe 1.
> 2 H + 4 H = 6 H, schreibe 4.

2 Lege die Aufgaben. Erhöhe die Zahlen, wenn nötig.
Subtrahiere schriftlich in einer Stellenwerttabelle.

a	b	c
652 − 237	783 − 548	453 − 271
471 − 219	375 − 92	568 − 43
528 − 350	937 − 614	826 − 555
178 252 352 415	235 283 323 483	182 271 525 682

S. 26 Nr. 2

a)   H Z E
              10
        6 5 2
     − 2 3 7
              1
        4 1 5

3 Subtrahiere schriftlich in einer Stellenwerttabelle.
Kontrolliere mit der Umkehraufgabe.

a	b	c
479 − 282	767 − 172	562 − 482
234 − 164	316 − 209	934 − 872
637 − 218	480 − 375	395 − 86

S. 26 Nr. 3

a)   H Z E   K: H Z E
        10
        4 7 9   1 9 7
     − 2 8 2   + 2 8 2
            1   1
        1 9 7   4 7 9

Alternativ: Subtraktion im Entbündelungsverfahren siehe Seiten 22 bis 24
2 Mehrsystemblöcke oder Einer, Zehner, Hunderter und Tausender (Beilagen 1 und 2) verwenden;
ggf. Kopiervorlage verwenden

1

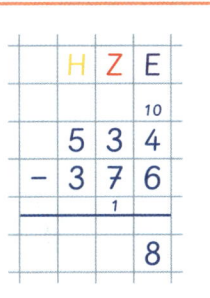

534 – 376

H	Z	E
		10
5	3	4
– 3	7	6
	1	
		8

H	Z	E
	10	10
5	3	4
– 3	7	6
	1	1
1	5	8

6 E + **wie viel** E = 4 E geht nicht.
Ich erhöhe beide Zahlen.
6 E + **8** E = 14 E, schreibe 8,
übertrage 1.

8 Z + **wie viel** Z = 3 Z geht nicht.
Ich erhöhe beide Zahlen.
8 Z + **5** Z = 13 Z, schreibe 5,
übertrage 1.
4 H + **1** H = 5 H, schreibe 1.

Subtrahiere schriftlich in einer Stellenwerttabelle.

a

534 – 376
645 – 258
715 – 437

| 158 278 387 482 |

b

559 – 226
843 – 374
385 – 97

| 288 327 333 469 |

c

673 – 281
936 – 789
508 – 358

| 147 150 250 392 |

d

714 – 525
937 – 189
422 – 166

| 189 256 738 748 |

2 Subtrahiere schriftlich.
Kontrolliere mit der Umkehraufgabe.

a

736 – 189
542 – 354
458 – 79

b

632 – 486
914 – 649
703 – 538

c

838 – 275
340 – 196
264 – 88

S. 27 Nr. 2

a)

	10	10		K:			
7	3	6			5	4	7
– 1	8	9			+ 1	8	9
1	1				1	1	
5	4	7			7	3	6

3 Subtrahiere schriftlich.
In jedem Päckchen haben die Ergebnisse etwas Besonderes. Beschreibe.

a

622 – 289
920 – 476
752 – 197
981 – 315

b

700 – 277
800 – 458
900 – 657
1 000 – 568

c

400 – 279
800 – 568
500 – 157
1 000 – 546

d

1 000 – 333
1 000 – 555
1 000 – 777
1 000 – 888

4 Subtrahiere immer zwei Zahlen schriftlich. Rechne mindestens fünf Aufgaben.

| 528 | 259 | 900 | 694 | 471 |

Alternativ: Subtraktion im Entbündelungsverfahren siehe Seiten 22 bis 24

Schriftliches Subtrahieren

1 Im Kopf oder schriftlich? Überlege zuerst, rechne dann.

Die Aufgabe
604 – 595
rechne ich im Kopf:
595 + 9 = 604

a	b	c
604 – 595	472 – 300	599 – 260
502 – 493	846 – 238	695 – 312
709 – 351	365 – 140	998 – 670

2 Finde die fehlenden Ziffern.
Schreibe die Aufgaben vollständig ins Heft.

a
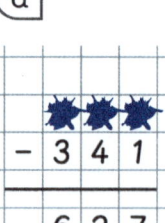

```
  ✶ ✶ ✶
- 3 4 1
-------
  6 2 7
```

b
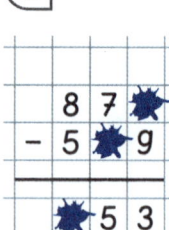

```
  8 7 ✶
- 5 ✶ 9
-------
  ✶ 5 3
```

c
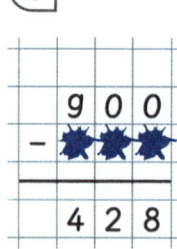

```
  9 0 0
- ✶ ✶ ✶
-------
  4 2 8
```

d
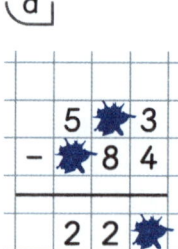

```
  5 ✶ 3
- ✶ 8 4
-------
  2 2 ✶
```

e
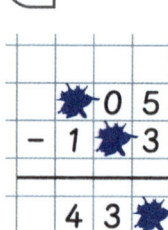

```
  ✶ 0 5
- 1 ✶ 3
-------
  4 3 ✶
```

3 Finde die Fehler und beschreibe sie.
Rechne dann richtig.

a
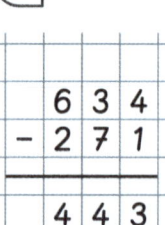

```
  6 3 4
- 2 7 1
-------
  4 4 3
```

b
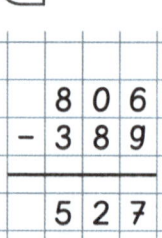

```
  8 0 6
- 3 8 9
-------
  5 2 7
```

c
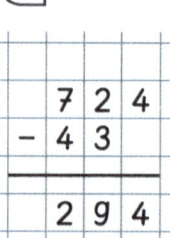

```
  7 2 4
-   4 3
-------
  2 9 4
```

... die Stellenwerte nicht beachtet.

... in falscher Reihenfolge subtrahiert.

... bei der 0 falsch subtrahiert.

4 Rechne zuerst einen Überschlag, subtrahiere dann schriftlich.
Vergleiche dein Ergebnis mit dem Überschlag.

a	b	c
657 – 282	508 – 231	900 – 632
846 – 429	975 – 684	507 – 380
781 – 354	427 – 329	321 – 145

Wenn ich auf Zehner runde, wird mein Überschlag genauer.

5 Immer zwei Zahlen ergeben 400. Rechne zuerst einen Überschlag im Kopf, addiere dann schriftlich.

| 372 | 22 | 368 | 48 | 378 | 28 | 58 | 352 | 32 | 342 |

1

| 435 | 148 | 607 | 980 | 326 |

Wähle zwei Zahlen aus und subtrahiere sie schriftlich.
Rechne zuerst einen Überschlag im Kopf.

a

Die Differenz soll möglichst groß sein.

b

Die Differenz soll kleiner als 200 sein.

c

Die Differenz soll zwischen 300 und 400 liegen.

d

Die Differenz soll möglichst klein sein.

2 Vier Kinder vergleichen das Guthaben auf ihren Sparbüchern mit Lenas Guthaben. Lena hat 528 € auf ihrem Sparbuch.

- Leo hat 269 € weniger.
- Paul hat 57 € weniger.
- Marie hat 166 € mehr.
- Timo hat 385 € mehr.

Wie viel Geld hat jedes Kind gespart?

3 Setze die Aufgabenmuster um mindestens drei Aufgaben fort.

a

825	825	825
− 307	− 317	− 327

b

479	579	679
− 182	− 182	− 182

4 Beschreibe die Aufgabenmuster von Aufgabe 3.

5

a

Die Klasse 3a fährt am 7. Mai ins Burgtheater. Die Eintrittskarten kosten insgesamt 268 €. Aus der Klassenkasse werden 86 € genommen.

b

Im Burgtheater ist für 519 Personen Platz. Für die Aufführung „Die kleine Hexe" um 10 Uhr wurden 373 Eintrittskarten verkauft.

c

Für die Aufführung „Sams" hat das Burgtheater 452 Eintrittskarten verkauft. Für die übrigen Plätze werden die Eintrittskarten an ein 5 km entferntes Kinderheim verschenkt.

d

Im Stadttheater haben 975 Personen Platz. Die Hebelschule kommt mit 231 Schülern, die Goetheschule mit 183 Schülern und die Schillerschule mit 96 Schülern.

1

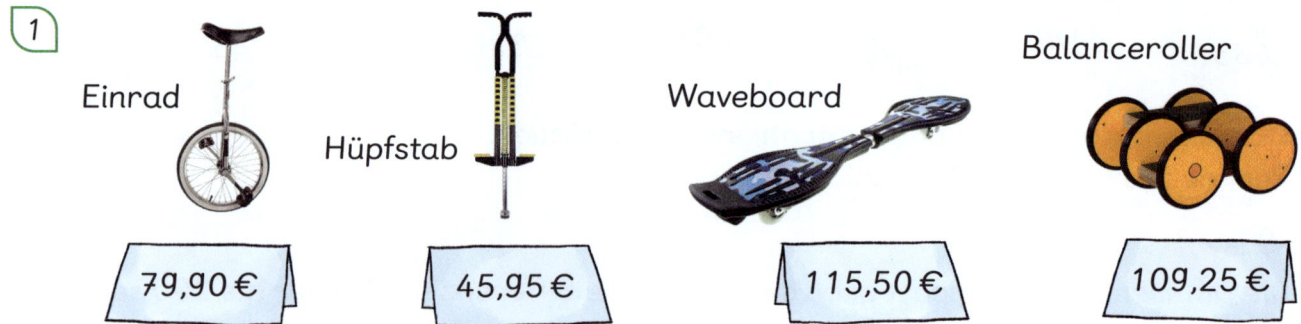

Einrad **79,90 €**

Hüpfstab **45,95 €**

Waveboard **115,50 €**

Balanceroller **109,25 €**

Die Schillerschule möchte neue Geräte für die Pause anschaffen. Insgesamt kann die Schule aber nicht mehr als 250 € ausgeben.

a

Welche Geräte kann die Schule kaufen? Finde mehrere Möglichkeiten. Rechne zuerst einen Überschlag. Addiere dann schriftlich.

b

Rechne bei jeder Möglichkeit aus, wie viel Geld übrig bleibt. Subtrahiere schriftlich.

```
S. 30  Nr. 1

a)   Waveboard und Balanceroller
     Ü: 1 2 0 € + 1 1 0 € = 2 3 0 €

        1 1 5 , 5 0 €
      + 1 0 9 , 2 5 €
              1
        2 2 4 , 7 5 €
```

Komma steht unter Komma.

```
S. 30  Nr. 1

b)   2 5 0 , 0 0 €
   – 2 2 4 , 7 5 €
```

c

Damit die Schule alle vier Geräte kaufen kann, spendet der Förderverein den fehlenden Betrag. Wie viel Euro spendet der Förderverein?

2 Wie viel Euro bekommst du zurück? Subtrahiere schriftlich.

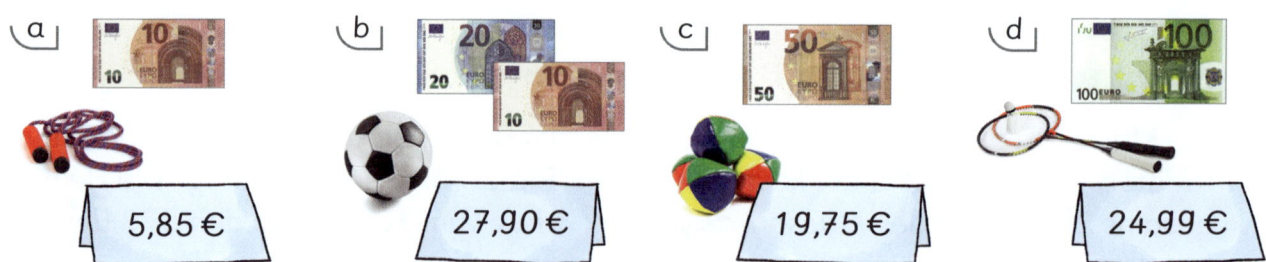

a **5,85 €**

b **27,90 €**

c **19,75 €**

d **24,99 €**

3 Schreibe alle Beträge als Kommazahlen und rechne schriftlich.

a

134 € 50 ct + 48,20 €
281,99 € + 120 € 49 ct
870 ct + 376 € 85 ct

b

462,10 € – 405 € 89 ct
171 € – 17 € 80 ct
288 € 35 ct – 51 ct

c

7850 ct + 355 € 85 ct
137 € 75 ct – 6320 ct
254 € – 1425 ct

Kilometer und Meter

1

1 Kilometer = 1 000 Meter
1 km = 1 000 m

a

Beschreibt, wie die Kinder einen Kilometer abmessen. Gehen alle Kinder geschickt vor? Begründet.

b

Messt in eurer Umgebung einen Kilometer ab. Verwendet geeignete Messgeräte und bringt jeweils nach 100 m eine Markierung an.

c

Zählt die Anzahl eurer Schritte auf der 1-Kilometer-Strecke. Was stellt ihr fest?

2

a

$195\,m + \square = 1\,km$
$565\,m + \square = 1\,km$
$241\,m + \square = 1\,km$
$803\,m + \square = 1\,km$

b

$85\,m + \square = \frac{1}{2}\,km$
$365\,m + \square = \frac{1}{2}\,km$
$404\,m + \square = \frac{1}{2}\,km$
$212\,m + \square = \frac{1}{2}\,km$

c

$225\,m + \square = \frac{1}{4}\,km$
$165\,m + \square = \frac{1}{4}\,km$
$103\,m + \square = \frac{1}{4}\,km$
$38\,m + \square = \frac{1}{4}\,km$

$1\,km =$	$1\,000\,m$
$\frac{1}{2}\,km =$	$500\,m$
$\frac{1}{4}\,km =$	$250\,m$
$\frac{3}{4}\,km =$	$750\,m$

3 Was passt zusammen? Ordne zu und schreibe auf.

| Länge des Bodensees | Umfang der Erde | 63 km | 1 000 km | 368 m |

| Höhe des Berliner Fernsehturms | Länge Deutschlands | 400 m | 42 km |

| Länge einer Runde im Stadion | Länge einer Marathonstrecke | 40 000 km |

4 Schätze folgende Entfernungen von deiner Wohnung aus. Finde mithilfe von Landkarten, Straßenschildern oder des Internets die richtige Entfernung heraus.

- Entfernung zur Schule
- Kürzeste Entfernung zum Meer
- Entfernung nach Berlin
- Entfernung zum nächsten Bahnhof

3 Ggf. Kopiervorlage verwenden

31

1 Finde mithilfe einer Tabelle heraus, wie weit der Radfahrer, der Fußgänger und der Motorrollerfahrer in 30 min und in 1 h kommen. Vergleiche.

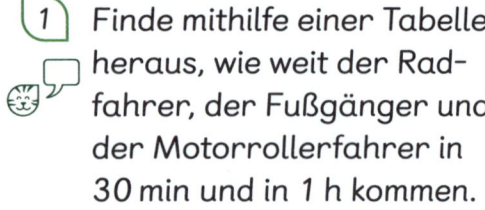

Zeit	Radfahrer	Fußgänger	Motorrollerfahrer
10 min	2 km	–	
15 min			
20 min			
30 min			
1 h			

2 **a**

Ein Fußgänger geht um 12.00 Uhr los. Ein Motorrollerfahrer fährt um 12.56 Uhr am gleichen Startpunkt los. Wann hat der Motorrollerfahrer den Fußgänger eingeholt?

Lösungshilfe Skizze

b

Ein Radfahrer fährt um 9.00 Uhr los. Nach 15 km holt ihn ein Motorrollerfahrer ein, der am gleichen Startpunkt losgefahren ist. Wann ist der Motorrollerfahrer gestartet?

3 **a**

Familie Müller fährt mit den Rädern von Tiengen nach Eggingen und wieder zurück.

b

Lena und ihr Vater fahren von Stühlingen nach Lauchringen zur Oma.

c

Frau Rang und Benno fahren von Eggingen nach Stühlingen. Dort drehen sie um und fahren zurück bis nach Lauchringen.

d **?**

Erfinde weitere Sachaufgaben. Dein Partner löst sie.

4 Miss genau und schreibe die Längen der Strecken auf.

```
A        B  C                    D   E  F  G              H
```

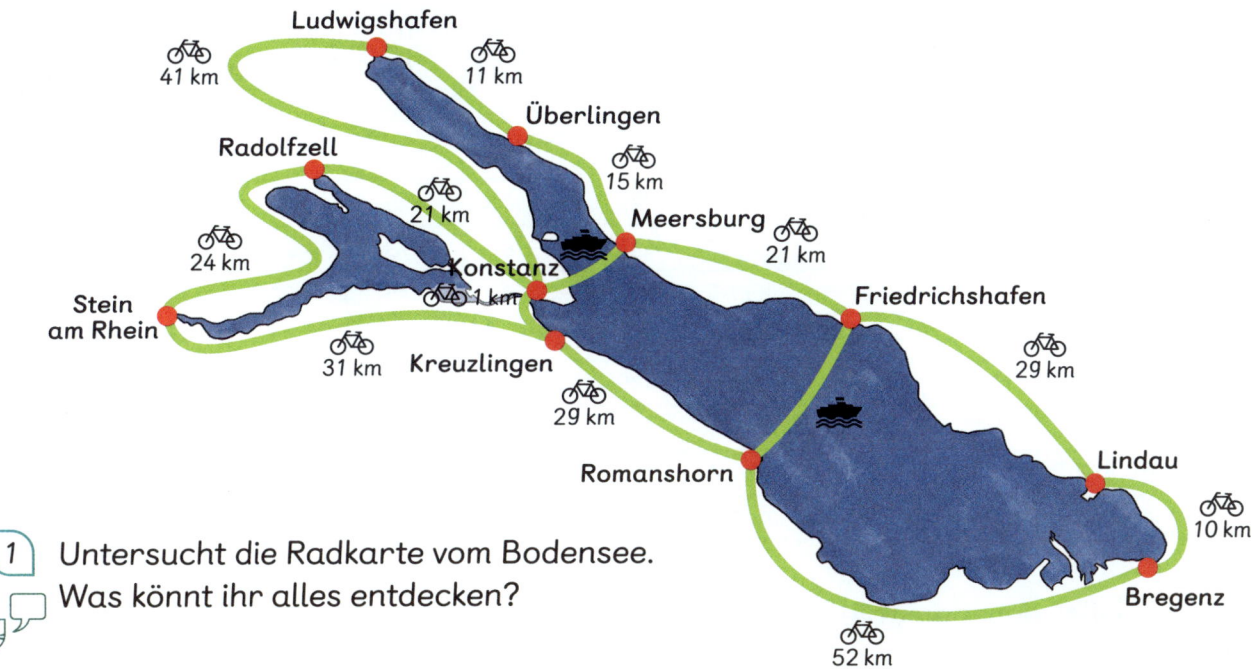

Ludwigshafen 41 km · 11 km
Überlingen 15 km
Radolfzell 21 km
24 km
Meersburg 21 km
Friedrichshafen
Stein am Rhein
Konstanz 1 km
31 km **Kreuzlingen** 29 km
29 km
Romanshorn
Lindau 10 km
52 km
Bregenz

1 Untersucht die Radkarte vom Bodensee. Was könnt ihr alles entdecken?

2 a

Familie Wagner startet in Konstanz und fährt über Radolfzell nach Stein am Rhein. Dort übernachtet die Familie und fährt am zweiten Tag über Kreuzlingen zurück nach Konstanz. Wie viele Kilometer ist die Familie gefahren?

b

Frau Huber und ihre beiden Söhne planen eine Radtour von Konstanz über Romanshorn nach Bregenz. Von Bregenz wollen sie bis Meersburg fahren und von dort mit der Fähre nach Konstanz zurück. Wie viele Kilometer fahren sie mit dem Rad?

c

Herr Böhmer fährt um den ganzen Bodensee. Er startet in Lindau, wo er zwei Tage später wieder ankommt.

3 a

Plant mit der Karte eine Radtour am Bodensee. Beschreibt den Weg und berechnet die Entfernungen.

b

Wie lange braucht ihr für die Tour, wenn ihr höchstens 60 km an einem Tag fahren könnt?

4 Tom hat einen Routenplan für die Radtour seiner Familie zusammengestellt. Die Familientickets für die beiden Fähren kosten 10,10 € und 35,10 €. Für Essen, Getränke und Eis gibt die Familie an diesem Tag 62,50 € aus. Am Abend meint Tom: „Alle zusammen sind wir heute 255 km Rad gefahren." Finde Fragen und Lösungswege.

> **Unsere Radtour am Sonntag:**
>
> Friedrichshafen–Meersburg
> Meersburg–Konstanz (Fähre)
> – Mittagspause –
> Konstanz–Romanshorn
> Romanshorn–Friedrichshafen (Fähre)

	Aachen	Berlin	Bremen	Erfurt	Freiburg	Hamburg	Köln	München	Rostock	Ulm
Aachen		637	369	446	466	475	60	650	642	505
Berlin	637		375	288	800	279	553	596	237	604
Bremen	369	375		351	722	110	315	766	277	660
Erfurt	446	288	351		533	376	373	425	435	447
Freiburg	466	800	722	533		759	435	400	935	268
Hamburg	475	279	110	376	759		381	772	140	686
Köln	60	553	315	373	435	381		578	562	484
München	650	596	766	425	400	772	578		771	124
Rostock	642	237	277	435	935	140	562	771		791
Ulm	505	604	660	447	268	686	484	124	791	

1   In der Tabelle kannst du ablesen, wie viele Autobahn-Kilometer zwei Städte
    in Deutschland voneinander entfernt sind. Untersuche die Tabelle.
    Warum kommen alle Zahlen doppelt vor?

2   Wie weit sind die Städte voneinander entfernt?

    a   Freiburg–Bremen   b   Hamburg–München   c   Rostock–Ulm

3   Frau Wenz ist viel unterwegs. Am Montag fährt sie von Berlin nach Hamburg,
    dann nach Bremen. Am Dienstag fährt sie zurück nach Berlin.
    Wie viele Kilometer ist Frau Wenz gefahren?

4   Frau Schanz fährt in Freiburg los und besucht ihre Tante. Am Abend fährt sie wieder
    nach Hause. Sie ist insgesamt rund 540 km gefahren. In welcher Stadt wohnt die
    Tante von Frau Schanz?

5   Herr Berg aus Erfurt plant eine Rundreise mit dem Auto.
    Er möchte die Städte Köln, Rostock und Hamburg besichtigen und anschließend
    wieder zurück nach Erfurt fahren.
    Wie viele Kilometer fährt Herr Berg, wenn er die kürzeste Strecke wählt?
    Verwende eine Deutschlandkarte.

6   Erfinde eigene Sachaufgaben für deinen Partner.

?

7   400 − 140 = 260   320 + 260 = 580   890 − 380 = 510   190 + 120 = 310
    700 − 530 = 170   150 + 640 = 790   740 − 620 = 120   480 + 240 = 720
    500 − 290 = 210   610 + 190 = 800   460 − 410 = 50   340 + 170 = 510

1 Marie und Timo stellen ein Quadernetz her.
Beschreibe, wie die Kinder vorgehen.

2 a

Beschriftet die Flächen einer quaderförmigen Schachtel mit den Zahlen 1 bis 6
und stellt selbst ein Quadernetz her. Welche Formen haben die Flächen?

b

Kennzeichnet gegenüberliegende Flächen mit der gleichen Farbe.
Schneidet das Netz aus und überprüft durch Falten euer Ergebnis.

c

Vergleicht eure Netze mit den Netzen anderer Kinder. Was fällt euch auf?

3 Stellt unterschiedliche Körpernetze her. Schneidet dazu Verpackungen an den
Kanten so auf, dass eine zusammenhängende Fläche entsteht. Vergleicht die ent-
standenen Netze. Wie viele Flächen haben sie? Welche Formen haben die Flächen?

4 Ordne den Körpern ihre Netze zu.

Warum sind hier
nur 5 Netze?

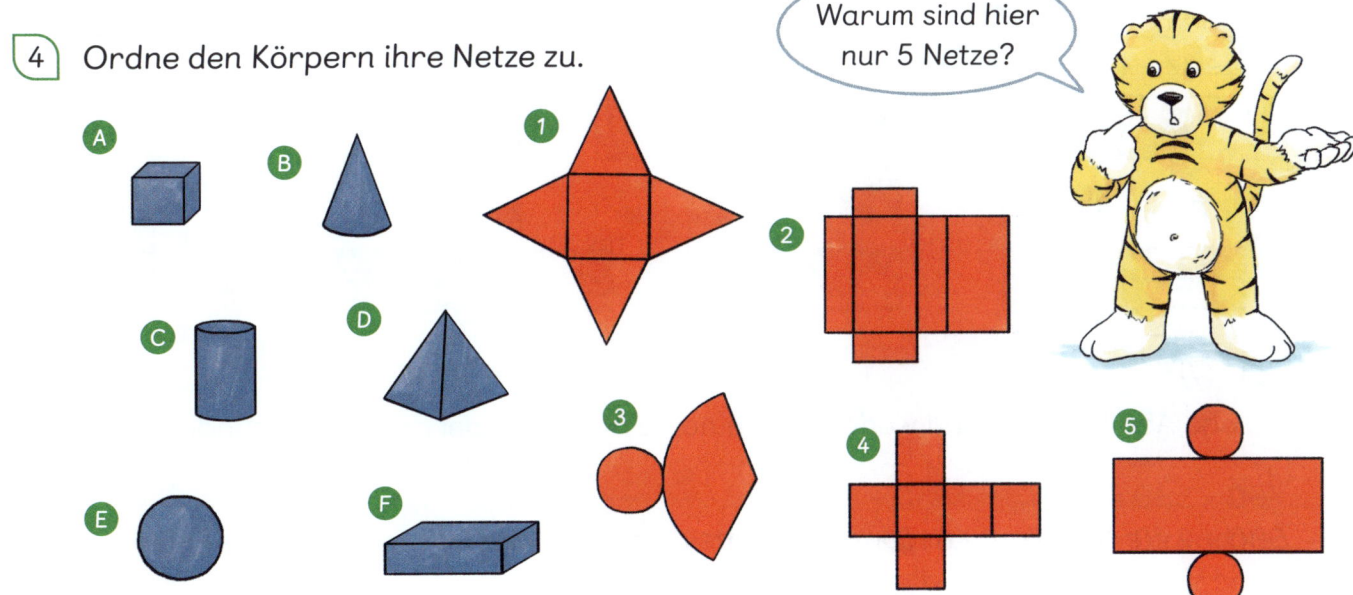

Quader- und Würfelnetze

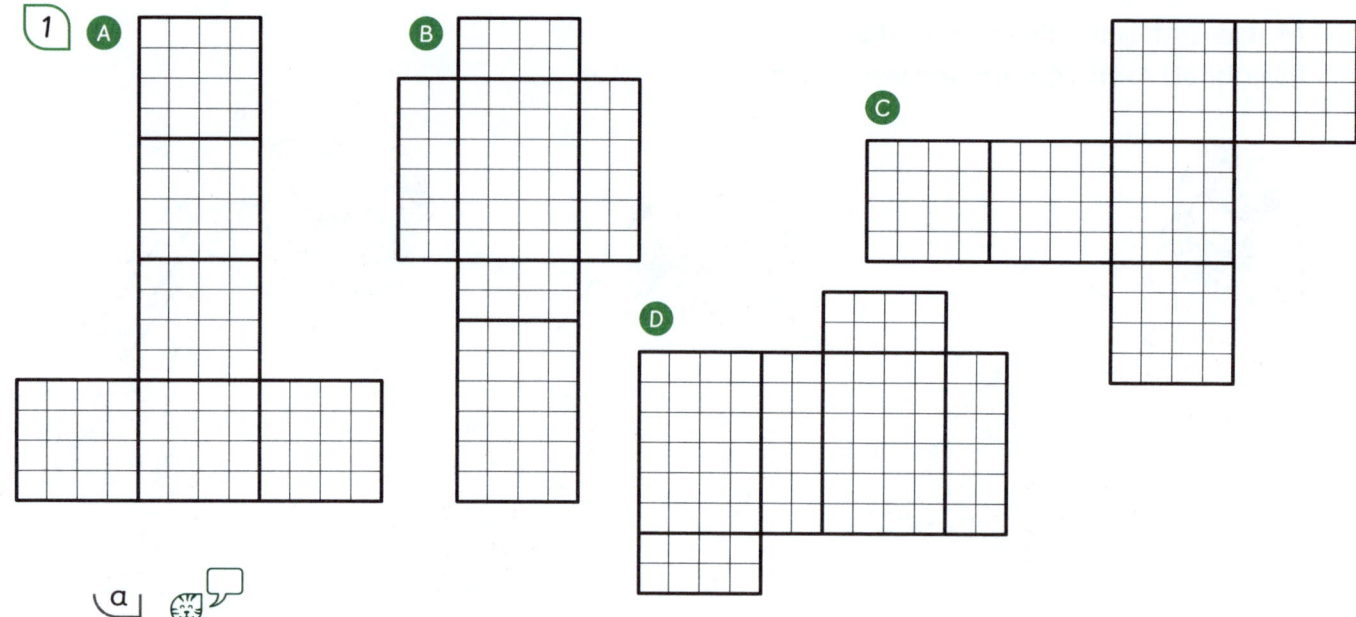

1

a

Welche der Abbildungen sind Würfelnetze, welche Quadernetze? Begründe.

b

Zeichne die Netze auf Karopapier. Male die Flächen, die sich nach dem Zusammenfalten gegenüberliegen, mit der gleichen Farbe an.

c

Kennzeichne die Seitenlinien, die nach dem Zusammenfalten aneinanderstoßen, mit der gleichen Farbe.

d

Schneide die Netze aus und überprüfe deine Ergebnisse durch Falten.

e

Klebe die Netze an einer Fläche ins Heft, sodass du sie noch zusammenfalten kannst.

2

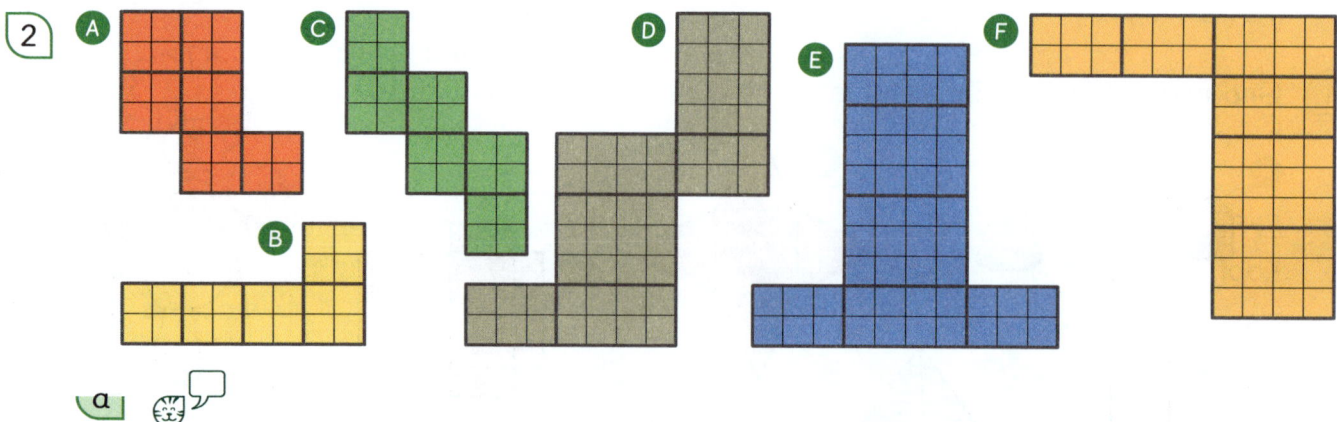

a

Welche Abbildungen sind weder Würfelnetze noch Quadernetze? Begründe.

b

Zeichne die Netze auf Karopapier. Schneide sie aus und überprüfe durch Falten deine Vermutung. Klebe die Netze ins Heft.

1 Male auf die obere Seite einer Streichholzschachtel einen grünen Punkt und auf die untere
Seite einen roten Punkt. Kippe nun die Streichholzschachtel auf dem vorgegebenen Weg.
Welche Fläche liegt am Schluss oben?

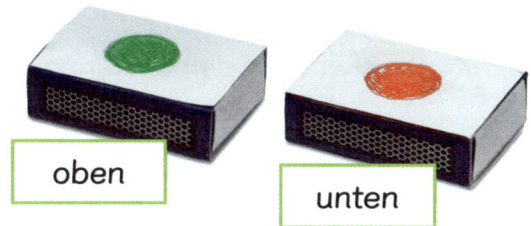

oben

unten

a]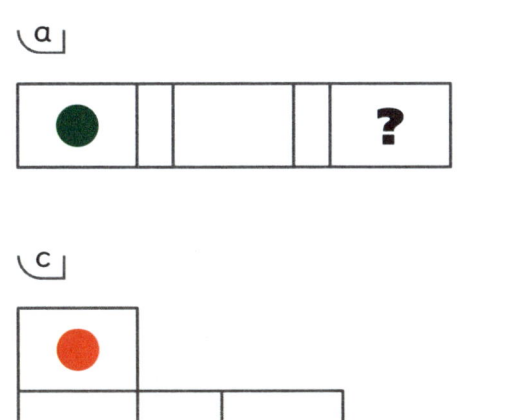

b]

c]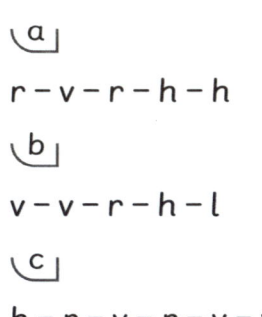

d]

2 Zeichne einen Kipp-Weg wie in Aufgabe 1. Zu Beginn liegt die Fläche mit dem grünen
? Punkt oben. Dein Partner löst die Aufgabe.

3 Kippe die Streichholzschachtel in Gedanken nach der Vorschrift. Beim Start liegt
immer die Fläche mit dem grünen Punkt oben. Welche Fläche liegt am Schluss oben?
Überprüfe.

a]
r – v – r – h – h

b]
v – v – r – h – l

c]
h – r – v – r – v – v – l

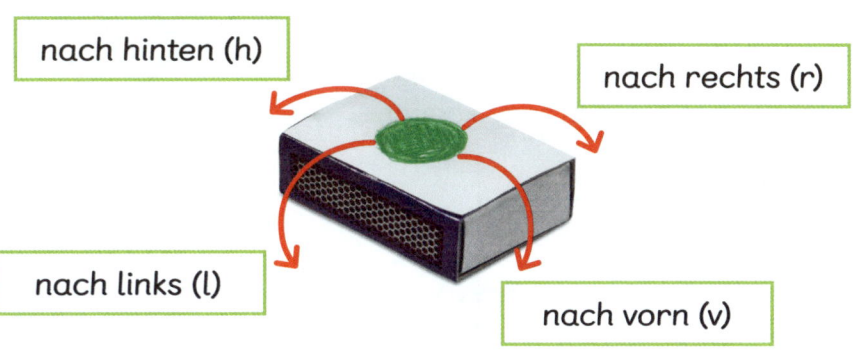

nach hinten (h)

nach rechts (r)

nach links (l)

nach vorn (v)

4 Erfinde eine Kipp-Vorschrift mit 5 oder 6 Schritten. Der Partner löst die Aufgabe im
? Kopf. Überprüft gemeinsam.

5 Schreibe passende Kipp-Vorschriften auf. Beim Start liegt immer die Fläche mit dem
grünen Punkt oben.

a]

Die Vorschrift soll 7 Schritte haben, am
Schluss liegt die Fläche mit dem roten
Punkt oben.

b]

Die Vorschrift soll 8 Schritte haben, am
Schluss liegt die Fläche mit dem grünen
Punkt oben.

1 Subtrahiere schriftlich.
Kontrolliere mit der Umkehraufgabe.

a) 685 – 354
562 – 281

b) 860 – 492
602 – 243

☺ 😐 ☹

2

a)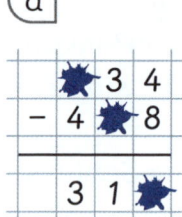

b)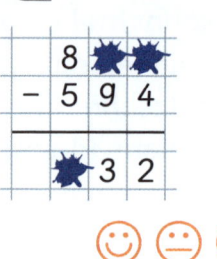

☺ 😐 ☹

3 Kim hat 620 € auf ihrem Sparkonto. Sie kauft sich eine Digitalkamera für 179 €.

☺ 😐 ☹

4

a)
780 m + ☐ = 1 km
645 m + ☐ = 1 km
871 m + ☐ = 1 km

b)
390 m + ☐ = $\frac{1}{2}$ km
465 m + ☐ = $\frac{1}{2}$ km
132 m + ☐ = $\frac{1}{2}$ km

c)
110 m + ☐ = $\frac{1}{4}$ km
125 m + ☐ = $\frac{1}{4}$ km
229 m + ☐ = $\frac{1}{4}$ km

☺ 😐 ☹

5 Was passt zusammen? Ordne zu und schreibe auf.

| 1 000 km | Länge eines Fußballfeldes | Länge Deutschlands | 40 000 km |

| Umfang der Erde | 2 mm | Dicke einer 2-Euro-Münze | 100 m |

☺ 😐 ☹

6 Finde mithilfe einer Tabelle heraus, wie weit ein Rennrad-fahrer in einer Stunde kommt.

Zeit	Strecke
10 min	6 km
20 min	
30 min	
1 h	

☺ 😐 ☹

7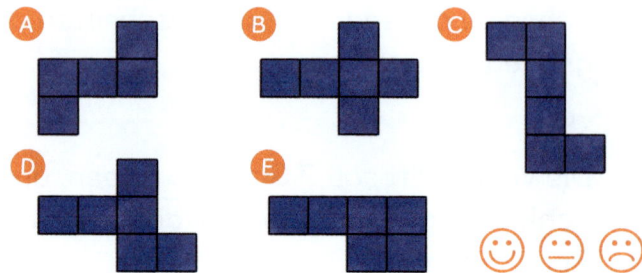

Das Schild steht am Elberadweg in Dessau.

Familie Mai fährt mit den Fahrrädern von Vockerode nach Wittenberg und dann zurück nach Coswig. Wie viele Kilometer fährt die Familie?

☺ 😐 ☹

8 Welche Körper kannst du aus diesen Netzen bilden?

A
B
C

☺ 😐 ☹

9 Aus welchen Netzen kannst du einen Würfel bilden?

A
B
C
D
E

☺ 😐 ☹

Wichtige Aufgaben der sechsten Lerneinheit (Heft 3, Seite 22–37) wiederholen;
Selbsteinschätzung: entsprechend dem Können der Aufgabe passenden Smiley ins Heft malen

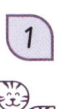

1

| 1 | 2 | 3 | 4 | 5 | 6 |

a

Legt mit den Ziffernkarten zwei dreistellige Zahlen
und addiert sie schriftlich.

b

Vertauscht zwei Ziffernkarten so, dass sich die Summe nicht ändert.

c

Legt eine Aufgabe so, dass die kleinstmögliche Summe entsteht.

d

Legt eine Aufgabe so, dass die größtmögliche Summe entsteht.

2

| 1 | 2 | 3 | 5 | 7 | 9 |

a

Legt mit den Ziffernkarten zwei dreistellige Zahlen
und subtrahiert sie schriftlich.

b

Vertauscht zwei Ziffernkarten so, dass die kleinstmögliche Differenz entsteht.

c

Vertauscht zwei Ziffernkarten so, dass die größtmögliche Differenz entsteht.

d

Legt eine Aufgabe. Die Differenz soll zwischen 400 und 500 liegen.

3

| 1 | 2 | 3 | 4 | 5 | 6 | 7 | 8 | 9 |

Lege die Ziffernkarten so in die Felder, dass richtige Aufgaben entstehen.
Vergleiche mit deinem Partner.

a

b

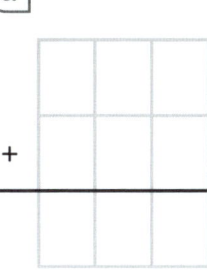
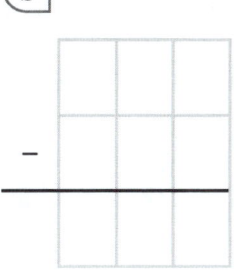

Von Stein zu Stein

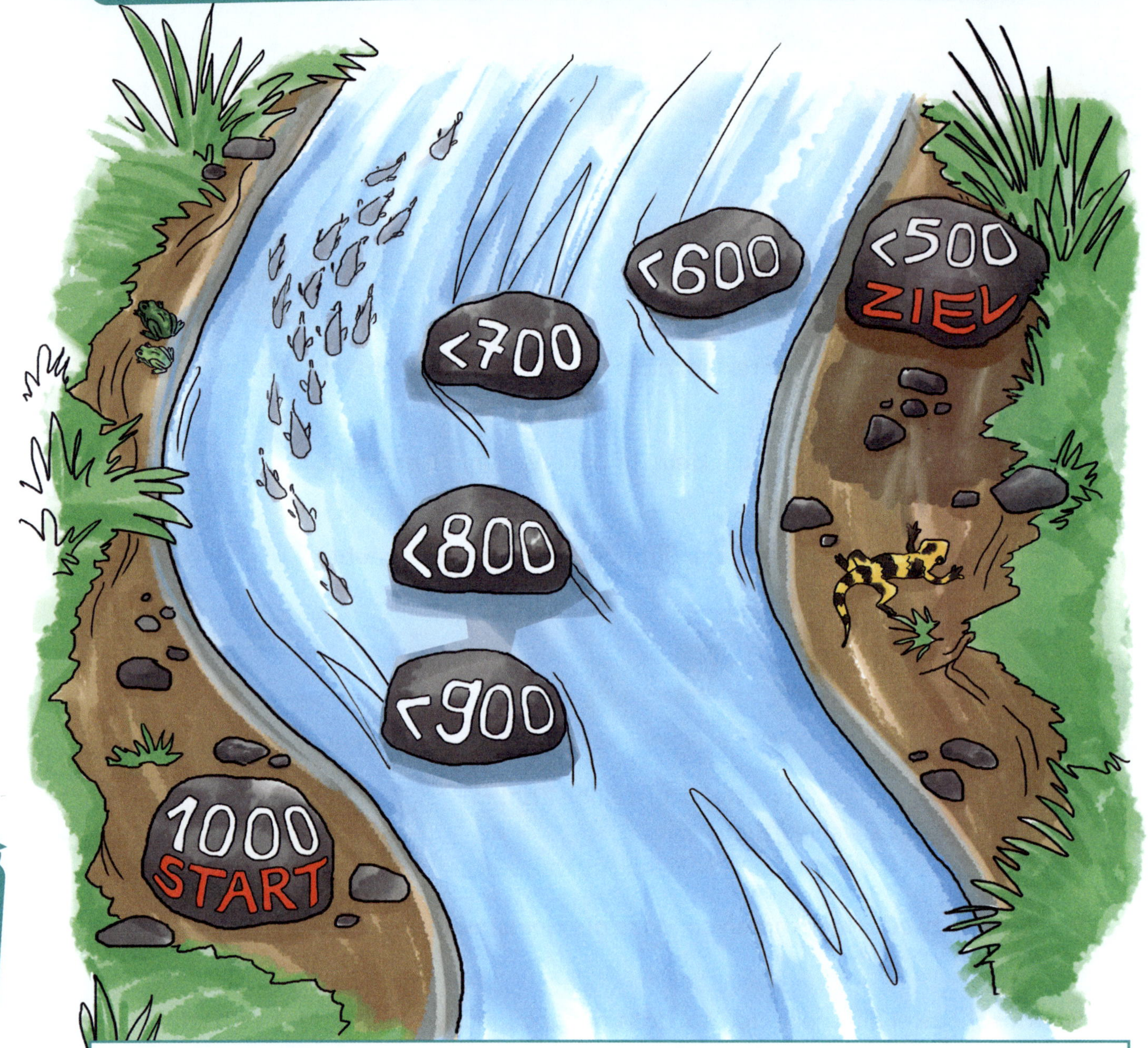

Von Stein zu Stein

Spiel für 2 Kinder

Ihr braucht:

- je 1 Spielstein
- Ziffernkarten 0 bis 9
- Papier und Stift

Spielregeln:

- Setzt eure Spielsteine auf **1000 START**.
- Der erste Spieler zieht zwei Ziffern-karten und bildet eine zweistellige Zahl. Diese Zahl subtrahiert er schriftlich von 1000.
- Der Spieler legt die Karten zurück.

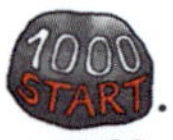

- Jetzt ist der zweite Spieler an der Reihe. Er zieht zwei Ziffernkarten und bildet eine zweistellige Zahl. Diese Zahl subtrahiert er schriftlich vom Ergebnis des Partners.
- Ist das neue Ergebnis kleiner als 900, darf sein Spielstein auf das Feld **<900** im Fluss gesetzt werden.
- Nun ist der erste Spieler wieder an der Reihe. Er zieht zwei Ziffernkarten. Die Zahl subtrahiert er schriftlich vom Ergebnis des Partners usw.
- Sieger ist, wer zuerst am anderen Ufer auf dem Feld **<500 ZIEL** ankommt.

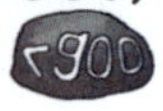

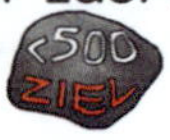

MATHETIGER 3

Heft 4

Herausgegeben von

Thomas Laubis

Erarbeitet von

Matthias Heidenreich
Thomas Laubis
Eva Schnitzer

Unter Beratung von

Carina Benner
Rebecca Knapp
Karin Seidel

Mildenberger

Inhaltsverzeichnis

Stunden und Minuten

1

Welche Zeit zeigen die Uhren? Bei welchen Uhren kannst du zwei Zeiten ablesen?

b

Wie viele Minuten sind seit der letzten vollen Stunde vergangen?
Wie viele Minuten vergehen bis zur nächsten vollen Stunde?

```
S. 4  Nr. 1
                    1 5 min
b)   1 2.0 0 Uhr  ————→ 1 2.1 5 Uhr
                    4 5 min
     1 2.1 5 Uhr  ————→ 1 3.0 0 Uhr
```

2 Schreibe beide Uhrzeiten auf.

a   b   c   d   e

3 Schreibe in Minuten. Beispiel: 2 h = 2 · 60 min = 120 min

a	b	c	d
2 h	3 h	5 h	$\frac{3}{4}$ h
2 h 30 min	3 h 5 min	5 h 45 min	$1\frac{1}{2}$ h

> 1 Stunde = 60 Minuten
> 1 h = 60 min
> $\frac{1}{2}$ h = 30 min
> $\frac{1}{4}$ h = 15 min
> $\frac{3}{4}$ h = 45 min

4 Schreibe in Stunden und Minuten.
Beispiel: 90 min = 60 min + 30 min = 1 h 30 min

a	b	c	d
90 min	130 min	200 min	600 min
100 min	150 min	215 min	604 min

1 Schaut euch das Fernsehprogramm genau an. Stellt euch gegenseitig Fragen.

KiKA	
14.00	14.10 SimsalaGrimm
	14.55 Tracy Baker kehrt zurück
15.00	15.50 Willi wills wissen
16.00	16.15 Schau in meine Welt!
	16.45 Astrid Lindgrens
	Pippi Langstrumpf
17.00	17.00 1, 2 oder 3
18.00	18.00 Shaun das Schaf
	18.15 Ben & Hollys kleines
	Königreich
	18.40 Weißt du eigentlich, wie lieb
	ich dich hab? Die Abenteuer
	des kleinen Hasen
	18.50 Unser Sandmännchen
19.00	19.00 Robin Hood –
	Schlitzohr von Sherwood
	19.25 pur+
	19.50 logo! Die Welt und ich

Welche Sendung dauert ...?

Wann endet ...?

Wie lange dauert ...?

Was kommt nach ...?

Wann beginnt ...?

Was kommt vor ...?

Dauert ... länger als ...?

2 Wie lange dauern die Sendungen? Zeichne als Lösungsweg ein Pfeilbild und schreibe eine Antwort auf.

a pur+   b Tracy Baker kehrt zurück

c 1, 2 oder 3   d Willi wills wissen

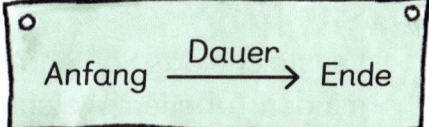

Anfang —— Dauer —→ Ende

3 Wähle weitere Sendungen aus, zeichne ein Pfeilbild
? und berechne die Dauer.

Lösungshilfe
Pfeilbild

4

Marie darf heute eine Stunde fernsehen.
Kann sie „Tracy Baker kehrt zurück" anschauen?

b

Jule schaltet heute um 16.45 Uhr den Fernseher an und schaut bis 18.15 Uhr KiKA.
Welche Sendungen hat sie angeschaut?

Paul hat zwei Sendungen angeschaut. Sie dauerten zusammen 1 h 15 min.
Welche Sendungen könnte Paul gesehen haben?

5 Erfinde Sachaufgaben zu den Pfeilbildern. Dein Partner löst sie.
?

a
18.15 Uhr —— 1 h 10 min —→ ▪ Uhr

b
16.45 Uhr ——— ▪ ———→ 18.40 Uhr

1 Leo und Marie haben eine Woche lang ein Fernsehtagebuch geführt.
Ergänze die fehlenden Angaben und vergleiche.

Fernsehtagebuch von _Leo_

Tag	Anfang	Ende	Dauer
Mo	17.45 Uhr	18.20 Uhr	35 min
Di	19.05 Uhr	19.30 Uhr	
Mi	16.15 Uhr	17.00 Uhr	
Do	17.40 Uhr	18.35 Uhr	
Fr	18.00 Uhr		80 min
Sa		20.30 Uhr	100 min
So	—	—	0 min

Fernsehtagebuch von _Marie_

Tag	Anfang	Ende	Dauer
Mo	19.00 Uhr	19.45 Uhr	45 min
Di	16.40 Uhr	17.50 Uhr	
Mi	—	—	
Do	18.15 Uhr		70 min
Fr	15.25 Uhr		90 min
Sa	20.05 Uhr	21.30 Uhr	
So	18.05 Uhr	19.20 Uhr	

2  **a**

Zeichne zu der Fernsehdauer von
Leo (L) und Marie (M) ein
Säulendiagramm (1 Kästchen = 10 min).

b

Vergleiche das Säulendiagramm
mit den Tabellen. Welche Vorteile
und welche Nachteile haben die
Darstellungen?

c

Führe selbst eine Woche lang
ein Fernsehtagebuch. Vergleiche
mit deinem Partner.

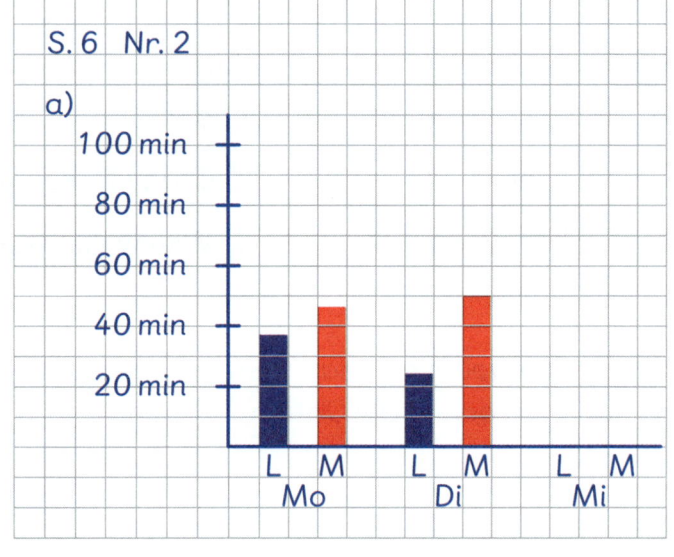

3 Die Klasse 3b der Grundschule
Talheim hat eine Umfrage
gemacht, wie lange die Kinder
ihrer Schule gestern ferngesehen
haben.
Was kannst du alles aus dem
Diagramm ablesen?

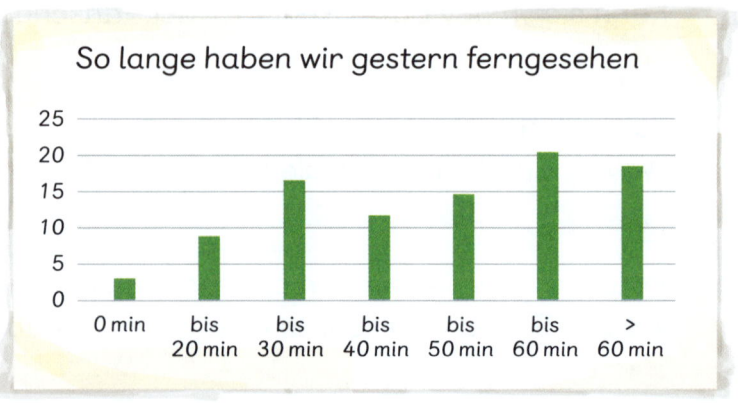

So lange haben wir gestern ferngesehen

4 Führt wie die Klasse 3b eine Umfrage in eurer Klasse, in allen dritten Klassen
oder der gesamten Schule durch. Erstellt ein Diagramm und präsentiert
euer Ergebnis.

Minuten und Sekunden

 1 Beobachte eine Uhr mit Sekundenzeiger genau eine Minute lang.
Tippe jede Sekunde auf den Tisch und zähle. Wie viele Sekunden hat eine Minute?

 2 Schätzt und prüft nach. Wie lange ...

- braucht ihr, um 20 Steckwürfel zusammenzubauen?
- braucht ihr, um die 8er-Reihe aufzusagen?
- könnt ihr die Luft anhalten?
- könnt ihr auf einem Bein stehen?
- könnt ihr die Augen offen lassen, ohne zu blinzeln?

3 Was könnt ihr in 10 Sekunden erledigen? Schätzt und prüft nach.

- von 1 bis ... zählen
- ... Wörter lesen
- ...-mal das ABC aufsagen
- ... Kniebeugen machen
- ...-mal in die Hände klatschen
- ...-mal euren Namen in Schreibschrift schreiben

4 Schreibe in Sekunden. Beispiel: $2 \text{ min} = 2 \cdot 60 \text{ s} = 120 \text{ s}$

a	b	c	d
2 min	1 min 40 s	4 min 28 s	$1\frac{1}{2}$ min
5 min	2 min 5 s	8 min 17 s	$2\frac{1}{4}$ min
7 min	2 min 55 s	10 min 10 s	$5\frac{3}{4}$ min

> 1 Minute = 60 Sekunden
> 1 min = 60 s
> $\frac{1}{2}$ min = 30 s
> $\frac{1}{4}$ min = 15 s
> $\frac{3}{4}$ min = 45 s

5 Schreibe in Minuten und Sekunden. Beispiel: $80 \text{ s} = 60 \text{ s} + 20 \text{ s} = 1 \text{ min } 20 \text{ s}$

a	b	c	d	e
80 s	65 s	175 s	249 s	666 s
100 s	125 s	205 s	367 s	1 000 s

6 Ergänze zu einer Minute. Beispiel: $32 \text{ s} + 28 \text{ s} = 1 \text{ min}$

a	b	c	d	e
32 s	4 s	43 s	57 s	$\frac{1}{2}$ min
21 s	15 s	60 s	36 s	$\frac{1}{4}$ min

7

$80 \cdot 2 = 160$	$40 \cdot 3 = 120$	$70 \cdot 1 = 70$	$50 \cdot 20 = 1\,000$	$5 \cdot 100 = 500$
$90 \cdot 6 = 540$	$70 \cdot 4 = 280$	$60 \cdot 5 = 300$	$30 \cdot 30 = 900$	$2 \cdot 300 = 600$
$20 \cdot 9 = 180$	$30 \cdot 7 = 210$	$10 \cdot 8 = 80$	$20 \cdot 40 = 800$	$0 \cdot 600 = 0$

1 Stellt abwechselnd die Uhrzeiten auf einer Lernuhr ein.
Ergänzt jeweils zur vollen Stunde. Zeichnet die Pfeilbilder ins Heft.

12.37 Uhr	17.43 Uhr	
14.21 Uhr	1.19 Uhr	20.42 Uhr
	4.52 Uhr	
22.04 Uhr	7.56 Uhr	3.38 Uhr	0.11 Uhr

2 Führt auf dem Schulhof einen Zeitschätzlauf durch.

Lauft einem Kind mit Stoppuhr nach. Dieses Kind bleibt nach mindestens
30 s oder höchstens 2 min stehen und stoppt die Zeit. Schätzt, wie viel
Zeit vergangen ist. Das Kind, das mit seiner Schätzung der vergangenen
Zeit am nächsten ist, bekommt die Stoppuhr und führt die Gruppe an.

3 Wie lange dauert die Tätigkeit? Schätzt zuerst und überprüft dann mit einer Stoppuhr.

einen stumpfen Stift anspitzen	einen 50-m-Lauf machen	269 + 578 schriftlich addieren

4 Ordnet die Zeitangaben nach der Größe. Beginnt mit der kleinsten.

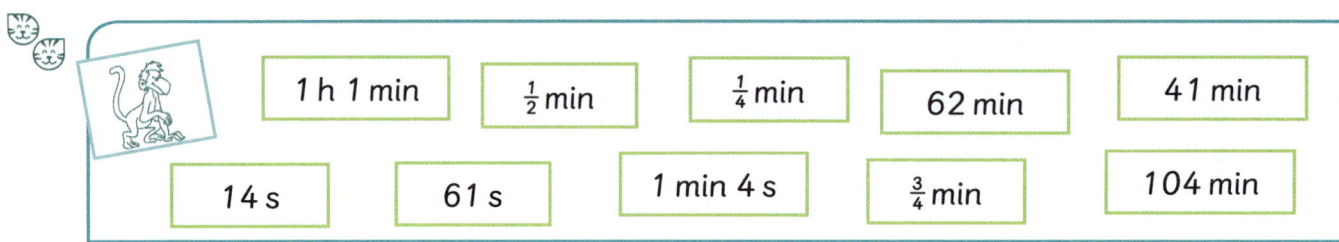

1 h 1 min	$\frac{1}{2}$ min	$\frac{1}{4}$ min	62 min	41 min
14 s	61 s	1 min 4 s	$\frac{3}{4}$ min	104 min

1–4 Die Aufgaben sind Beispiele für Stationen;
weitere Stationen, Kopiervorlagen und Stationenplan siehe Handbuch

1 a

Löse die Aufgabe 4 · 19. Stelle deinen Rechenweg in einer Mathekonferenz vor.

b

Erkläre, wie die Kinder rechnen. Vergleiche mit deinem Rechenweg.

Paul

4 · 19 = 76
19 + 19 + 19 + 19 = 76

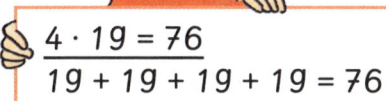

4 · 19

Nora

4 · 19 = 76
4 · 10 = 40
4 · 9 = 36

2 Rechne wie Nora.

a	b	c	d	e
3 · 15	7 · 13	2 · 26	9 · 34	4 · 58
6 · 15	5 · 13	8 · 26	3 · 34	7 · 58

3 Rechne mit deinem Weg. Denke an die Tauschaufgabe.

a	b	c	d
5 · 16	4 · 27	88 · 3	62 · 7
8 · 14	5 · 35	73 · 6	53 · 9
80 90 112	108 155 175	264 438 670	434 477 497

(Die Ergebniskästen sind auf dem Kopf gedruckt.)

4

a

·	10	4	14
2	20	8	28
6			

b

·	40	7	47
5			
7			

c

·	60	8	
3			
6			

d

·	90	9	
8			
9			

5 a

Nora behauptet: „17 · 6 und 16 · 7 haben das gleiche Ergebnis."
Stimmt das?

b

Überprüfe Noras Aussage auch mit diesen Aufgabenpaaren.

12 · 4	18 · 3	15 · 9	13 · 6	11 · 0
14 · 2	13 · 8	19 · 5	16 · 3	10 · 1

1 Verschiedene Rechenwege in einer Mathekonferenz untersuchen und beurteilen
2 Mehrsystemblöcke oder Einer, Zehner, Hunderter und Tausender (Beilagen 1 und 2) verwenden

9

Halbschriftliches Dividieren

1 Erkläre, wie die Kinder rechnen.

$$84 : 6$$

Ich zerlege 84 in zwei Zahlen der 6er-Reihe.

Mia

Paul

Erst 60 : 6 = 10, dann 24 : 6 = 4.

$$84 : 6 = 14$$
$$60 : 6 = 10$$
$$24 : 6 = 4$$

2 Lege und rechne.

a	b	c	d	e
96 : 6	60 : 4	96 : 8	85 : 5	48 : 3
39 : 3	36 : 2	133 : 7	126 : 9	152 : 8

3 Lege und rechne.

a	b	c
161 : 7	96 : 3	112 : 4
135 : 5	210 : 6	328 : 8

161 : 7 = ■
Ich zerlege in 140 und 21.

Nora

4 Kontrolliere mit der Umkehraufgabe.

a	b
72 : 6	168 : 7
75 : 5	208 : 8
52 : 4	153 : 3
86 : 2	252 : 6

S. 10 Nr. 4

a) $72 : 6 = 12$ K: $12 \cdot 6 = 72$
    $60 : 6 = 10$ $10 \cdot 6 = 60$
    $12 : 6 = 2$ $2 \cdot 6 = 12$

5 Setze fort, so weit du kannst.

a	b	c
12 : 2	■ : 3 = 6	40 : 8
24 : 2	■ : 5 = 5	36 : 6
48 : 2	■ : 7 = 4	32 : 4

Geteilt durch 0 ist nicht möglich!

6 Beschreibe die Tiger-Päckchen von Aufgabe 5.

2 Mehrsystemblöcke oder Einer, Zehner, Hunderter und Tausender (Beilagen 1 und 2) verwenden

1 Erkläre, wie die Kinder rechnen.

54 : 4

Ich zerlege wieder in zwei Zahlen.

Mia

Hier bleibt ein Rest.

Paul

54 : 4 = 13 R 2
40 : 4 = 10
14 : 4 = 3 R 2

2 Kontrolliere mit der Umkehraufgabe.

a)
80 : 6
100 : 7
83 : 5
49 : 3

b)
190 : 8
200 : 9
367 : 6
290 : 4

S. 1 1 Nr. 2

a)   8 0 : 6 = 1 3 R 2   K: 1 3 · 6 = 7 8
     6 0 : 6 = 1 0   1 0 · 6 = 6 0
     2 0 : 6 =   3 R 2   3 · 6 = 1 8
                                7 8 + 2 = 8 0

3 Finde die Fehler und beschreibe sie. Rechne dann richtig.

a)
140 : 9 = 14 R 4
 90 : 9 = 10
 40 : 9 = 4 R 4

b)
135 : 6 = 23 R 3
 60 : 6 = 10
 60 : 6 = 10
 15 : 6 = 3 R 3

c)
217 : 7 = 30 R 7
210 : 7 = 30
  7 : 7 = 0 R 7

4 Ein Holzwürfel mit einer Kantenlänge von 9 cm wird rot angemalt.
Danach wird der Würfel in kleine Würfel mit je 3 cm Kantenlänge zerlegt.

a)
Wie viele kleine Würfel sind es?

b)
Bei wie vielen kleinen Würfeln sind zwei Flächen rot?

4,95 €   3,30 €   1,75 €   1,90 €

1 Familie Groß kauft im Urlaub Andenken ein. Wie viel kosten 3 Schlüsselanhänger?
Vergleiche die Lösungswege von Paul und Tina.

Ü: 3 · 300 ct = 900 ct

3 · 330 ct = 990 ct = 9,90 €
3 · 300 ct = 900 ct
3 · 30 ct = 90 ct

Paul

Ü: 3 · 3,00 € = 9 €

3 · 3,30 € = 9,90 €
3 · 3,00 € = 9,00 €
3 · 0,30 € = 0,90 €

Tina

2 Wie viel kosten die Dinge? Rechne zuerst einen Überschlag, löse dann mit deinem Weg.

a 4 Boote   **b** 5 Einkaufstaschen   **c** 2 Halsketten

3

a	**b**	**c**	**d**
2 · 4,30 €	3 · 2,90 €	4 · 2,15 €	4,63 € · 2
5 · 1,10 €	2 · 3,70 €	5 · 1,85 €	1,08 € · 6
4 · 2,20 €	6 · 1,30 €	3 · 3,25 €	0,79 € · 7

4 Wie viel kosten die Dinge einzeln?
Rechne zuerst einen Überschlag,
löse dann genau.

a 5 Muscheln für 3,40 €

b 3 Kalender für 9,30 €

c 7 Karten für 7,49 €

d 4 Leuchttürme für 9,60 €

S. 1 2 Nr. 4

a) Ü: 3 0 0 ct : 5 = 6 0 ct

3 4 0 ct : 5 = 6 8 ct = 0, 6 8 €

3 0 0 ct : 5 = 6 0 ct

4 0 ct : 5 =   8 ct

5

a	**b**	**c**	**d**
6,30 € : 6	8,96 € : 8	6,39 € : 3	4,90 € : 5
9,45 € : 3	2,72 € : 2	8,28 € : 4	5,76 € : 6
7,35 € : 7	4,65 € : 5	8,92 € : 2	8,28 € : 9

Halbschriftliches Multiplizieren und Dividieren üben

0 1 2 3 4 5 6 7 8 9

1 **a**

Legt die Ziffernkarten verdeckt auf den Tisch und mischt sie.
Zieht drei Karten und legt sie in die Felder.
Wie viele verschiedene Multiplikationsaufgaben könnt ihr bilden?

b

Schreibt alle Aufgaben auf und löst sie. Vergleicht eure Ergebnisse.

2 Zieht drei neue Karten und legt sie in die Felder.
Bildet alle möglichen Divisionsaufgaben und löst sie.

STOPP!

Geteilt durch 0 ist nicht möglich!

3 3 5 6 8 9 13 14 16 17 19

Wähle eine gelbe und eine blaue Zahl und multipliziere sie.

a

Das Ergebnis soll kleiner als 60 sein.

b

Das Ergebnis soll größer als 130 sein.

c

Das Ergebnis soll zwischen 90 und 110 liegen.

d

Das Ergebnis soll eine ungerade Zahl sein.

4 125 224 103 416 108 2 3 4 5 9

Wähle eine grüne und eine gelbe Zahl und dividiere sie.

a

Es soll kein Rest bleiben.

b

Der Rest soll 4 sein.

c

Das Ergebnis soll größer als 100 sein.

d

Das Ergebnis soll eine gerade Zahl sein.

Neustädter
Kinderfest

Freitag, 12. Juni
14.00 Uhr bis 18.30 Uhr

Samstag, 13. Juni
10.00 Uhr bis 16.00 Uhr

Fußgängerzone und Marktplatz

Kasperle-Theater
Die Polizei-Puppenbühne ist zu Gast:
Freitag: 15 Uhr / 17 Uhr
Samstag: 11 Uhr / 13 Uhr / 15 Uhr
Dauer: jeweils 45 min

Zirkus „Zebrasco"
Die Zirkus-AG der Schule präsentiert sich:
Freitag: 14.30 Uhr / 16.30 Uhr
Samstag: 11.30 Uhr / 13.30 Uhr / 15.30 Uhr
Dauer: jeweils 55 min

Erzähltheater „Kami"
erzählt Bilderbuchgeschichten:
Freitag: 14.45 Uhr / 16.45 Uhr
Samstag: 12.45 Uhr / 13.45 Uhr / 14.45 Uhr
Dauer: jeweils 25 min

1 Löse mit einem oder mehreren Pfeilbildern.

Lösungshilfe Pfeilbild

Hamid besucht mit seiner Mutter am Samstag das Kinderfest von 10.30 Uhr bis 14.15 Uhr. Wie lange sind sie beim Kinderfest?

Während seine Eltern am Samstag einkaufen, besucht Alex um 13.30 Uhr den Zirkus „Zebrasco". Wann können ihn seine Eltern abholen?

Tom besucht am Freitag die erste Vorstellung des Erzähltheaters „Kami". Anschließend möchte er zum Kasperle. Welche Vorstellung kann er besuchen?

Clara ist an beiden Tagen von Anfang bis Ende unterwegs. Sie behauptet: „Ich war mehr als 10 h auf dem Kinderfest." Stimmt das?

2 Löse mit einer Tabelle.

Lösungshilfe Tabelle

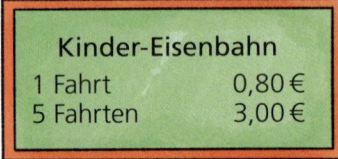

Kinder-Eisenbahn	
1 Fahrt	0,80 €
5 Fahrten	3,00 €

Eisdiele Cortina	
1 Kugel	0,60 €
1 Riesenkugel	0,90 €

Kiga „Sonnenschein"	
4 Lose	2,00 €
5-mal Glücksrad drehen	1,50 €

Lisa hat 5 € von ihrer Tante bekommen. Sie möchte sich dafür Lose kaufen.

Frau Huber kauft für ihre 4 Enkelkinder jeweils 2 Kugeln Eis.

Pia möchte 4-mal mit der Eisenbahn fahren. Mama sagt: „Kaufe dir 5 Fahrten, das ist günstiger." Hat Mama recht?

Linus behauptet: „9 Kugeln Eis kosten genauso viel wie 5 Riesenkugeln." Stimmt das?

3 Löse mit einer Skizze.

Lösungshilfe Skizze

a

Finn kann 7 Kisten stapeln.
Eine Kiste ist 30 cm hoch.

b

Leas Kistenturm ist 2,70 m hoch.
Der Rekord liegt bei 3,60 m.

c

Paul ist 1,32 m groß. Sein Vater ist 1,92 m
groß. Paul steht auf einem Turm aus 8 Kisten.
Wie viel Kisten muss sein Vater stapeln, um genauso groß zu sein wie sein Sohn?

Kisten-stapeln

für geschickte Kletterer

Ein Angebot
der Jugendfeuerwehr
Neustadt

je Versuch
2,00 €

4 Löse mit einem Baumdiagramm.

Lösungshilfe Baumdiagramm

a

Emma möchte alle Angebote des Kinderfest-Passes nutzen.
Als Erstes geht sie zum Kinderschminken. In welcher
Reihenfolge kann sie die übrigen Stationen besuchen?
Finde alle Möglichkeiten.

b

Gor ist es egal, bei welcher Station er anfängt.
In welcher Reihenfolge kann er die Stationen besuchen?
Finde alle Möglichkeiten.

Neustädter
Kinderfest
Kinderfest-Pass

○ Enten angeln
○ Drahtfiguren basteln
○ Kinderschminken
○ Hindernislauf

Löse den vollen Pass
gegen ein Eis ein!

5 Löse die Sachaufgaben mit einer passenden Lösungshilfe.

a

Tarek dreht 13-mal das Glücksrad.
Wie viel Euro muss er bezahlen?

b

Lea ist 127 cm groß. Ihr Kistenturm besteht aus 7 Kisten. Wie groß ist Lea jetzt?

c

Lukas möchte zum Kasperle, in den
Zirkus und ins Erzähltheater. In welcher
Reihenfolge kann er die Vorstellungen
besuchen? Finde alle Möglichkeiten.

d

Mascha ist am Freitag von 15.30 Uhr
bis zum Ende der letzten Kasperle-
Vorstellung auf dem Kinderfest. Wann
geht Mascha nach Hause?

e

Heute ist der 29. Mai. Jule kann es kaum
erwarten, bis das Neustädter Kinderfest
beginnt. Wie viele Tage muss Jule noch
warten?

f

Nele bastelt sich am Drahtfiguren-Stand
eine Kette. Sie formt aus 1 m Draht
5 gleich große Quadrate. Wie lang ist
jede Seite der Quadrate?

Teiler

1

20 : ①= 20
20 : ②= 10
20 : 3 = 6 R 2
20 : ④= 5
20 : ⑤= 4

Ich suche die Teiler von 20.

Teiler einer Zahl sind die Zahlen, durch die diese Zahl geteilt werden kann, ohne dass ein Rest bleibt.

a

Dividiere die Zahl 20 durch alle Zahlen von 1 bis 20. Bei welchen Zahlen bleibt kein Rest?

b

Der Roboter hat einige Teiler von 20 eingekreist. Welche Teiler fehlen noch?

2 Finde die Teiler der Zahlen. Wenn ein Rest bleibt, brauchst du keine Rechnung zu notieren.

a	**b**	**c**
8	12	36
10	24	35
30	32	33
16	25	17

S. 1 6 Nr. 2

a)   8 : ①= 8
     8 : ②= 4
     8 : ④= 2
     8 : ⑧= 1
     Teiler von 8:   1,   2,   4,   8

3 Schreibe jeweils drei Zahlen auf. Erkläre, wie du vorgegangen bist.

a

Zahlen, die durch 2 teilbar sind.

b

Zahlen, die durch 5 teilbar sind.

c

Zahlen, die durch 6 teilbar sind.

d

Zahlen, die durch 3 und durch 4 teilbar sind.

e

Zahlen, die durch 5, aber nicht durch 2 teilbar sind.

15 ist durch 5 teilbar, aber nicht durch 2.

4 Richtig oder falsch? Überprüfe.

- Alle geraden Zahlen sind durch 2 teilbar.
- Außer der Zahl 1 hat jede Zahl mindestens 2 Teiler.
- Alle Zahlen, die größer als 10 sind, haben mindestens 3 Teiler.
- Alle Zahlen, die als letzte Ziffer eine 0 haben, sind durch 10 und durch 100 teilbar.

Vielfache

1

Ich suche die Vielfachen von 4.

$1 \cdot 4 = 4$
$2 \cdot 4 = 8$
$3 \cdot 4 = 12$
$4 \cdot 4 = 16$
$5 \cdot 4 =$

Vielfache einer Zahl sind die Ergebnisse von Multiplikationsaufgaben mit dieser Zahl.

a

Der Roboter multipliziert die Zahl 4 mit allen Zahlen. So erhält er die Vielfachen von 4. Wie viele gibt es jeweils?

b

Schreibe die ersten zwölf Vielfachen der Zahlen 3, 5 und 6 auf.
Beispiel: Vielfache von 3: 3, 6, 9, 12, 15, ...

2 Umkreise in einer Hundertertafel alle Vielfachen von 2 rot.
Kreuze dann alle Vielfachen von 4 blau an.
Male zum Schluss alle Vielfachen von 5 grün an.
Was stellst du fest?

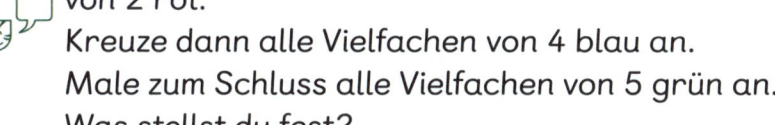

1	2	3	4	5	6	7	8	9	10
11	12	13	14	15	16	17	18	19	20
21	22	23	24	25	26	27	28	29	30
31	32	33	34	35	36	37	38	39	40
41	42	43	44	45	46	47	48	49	50

3 Richtig oder falsch? Überprüfe mit der Hundertertafel von Aufgabe 2.

- Jedes Vielfache von 4 ist auch Vielfaches von 2.
- Es gibt Vielfache von 5, die auch Vielfache von 4 sind.
- Jedes Vielfache von 5 ist auch Vielfaches von 2.
- 60 ist ein Vielfaches von 2, 4 und 5.

4 Kennzeichne in einer Hundertertafel die Vielfachen von 3, 6 und 9 mit verschiedenen Farben. Bilde dann Sätze wie in Aufgabe 3. Dein Partner prüft, ob sie richtig sind.

5

a
1,52 m = ▉ cm
0,76 m = ▉ cm
$\frac{1}{2}$ m = ▉ cm

b
621 cm = ▉ m
105 cm = ▉ m
43 cm = ▉ m

c
1 kg = ▉ g
$\frac{3}{4}$ kg = ▉ g
$\frac{1}{4}$ kg = ▉ g

d
4 h = ▉ min
$\frac{1}{4}$ h = ▉ min
120 s = ▉ min

Rechentricks

1 a

Welche Aufgaben kannst du im Kopf lösen? Erkläre, welche Rechentricks du verwendest.

b

Löse diese Aufgaben zuerst.

c

Löse die übrigen Aufgaben halbschriftlich oder schriftlich.

| A | 19 · 5 | | B | 254 – 192 |

| C | 96 : 4 | | D | 6 · 35 | | E | 240 : 6 |

| F | 462 + 398 | | G | 125 + 475 + 269 |

| H | 876 – 503 | | I | 367 + 218 |

2 Diese Aufgaben kannst du im Kopf lösen. Verwende einen Rechentrick.

534 + 199
Zuerst + 200, dann –1.

Luis

a	**b**	**c**	**d**
534 + 199	639 – 298	29 · 6	95 : 5
397 + 256	964 – 507	8 · 48	152 : 8
478 + 306	496 – 150	20 · 30	147 : 7

3 Emma behauptet: „Wenn ich bei einer Subtraktionsaufgabe beide Zahlen gleich verändere, dann bleibt die Differenz gleich." Stimmt das? Überprüfe.

a
–10 (270 – 130) –10
–10 (260 – 120) –10
250 – 110

b
+10 (540 – 310) +10
+20 (550 – 320) +20
570 – 340

c
–2 (456 – 230) –2
–2 (454 – 228) –2
452 – 226

4 Emma löst die Subtraktionsaufgabe 287 – 135, indem sie die Zahlen verändert. Erkläre, wie Emma vorgegangen ist.

Emma

287 – 135
–5 ( ) –5
282 – 130
–30 ( ) –30
252 – 100
= 152

5 Verändere die Aufgaben wie Emma und schreibe die Rechnungen auf.

a	**b**	**c**
658 – 324	876 – 543	765 – 451

6   Probiert Emmas Rechentrick auch mit Additionsaufgaben. Was stellt ihr fest?

Grundrechenarten üben

1 Rechne jeweils die erste Aufgabe schriftlich, alle anderen geschickt im Kopf.

a	b	c	d
458 + 275	**276 + 165**	**823 − 587**	**711 − 342**
458 + 276	276 + 164	823 − 588	711 − 341
458 + 265	276 + 175	823 − 577	711 − 352
458 + 375	276 + 65	823 − 687	711 − 242
459 + 275	275 + 165	824 − 587	710 − 342
468 + 275	286 + 165	833 − 587	701 − 342
358 + 275	376 + 165	723 − 587	811 − 342

2 Setze die Aufgabenmuster fort.

a

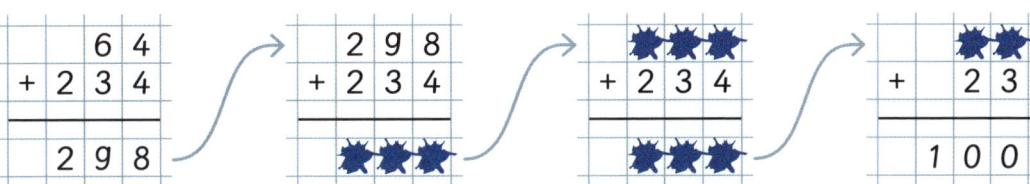

b

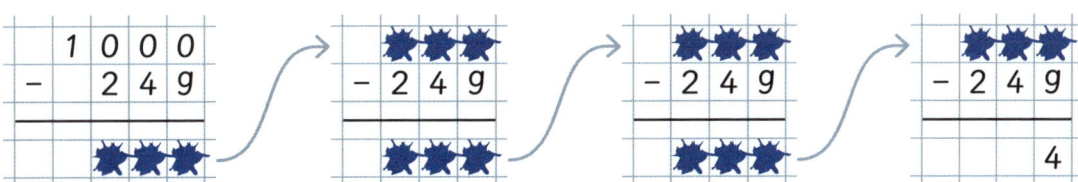

3 Immer zwei Aufgaben gehören zusammen. Gehe geschickt vor.

54 · 4	116 : 4	216 : 4	72 : 4	18 · 4

144 : 3	36 · 3	48 · 3	29 · 4	108 : 3

4 Welche Zahlen haben sich die Kinder gedacht? Löse mit einem Pfeilbild.

a

Paul denkt sich eine Zahl. Er multipliziert sie mit 79 und addiert dann 34. Er erhält die Summe 350.

b

Emma denkt sich eine Zahl. Sie dividiert sie durch 4 und subtrahiert dann 29. Sie erhält die Differenz 18.

c

Timo denkt sich eine Zahl. Er multipliziert sie mit 9 und dividiert dann durch 3. Timo erhält 54.

1 Schreibe beide Uhrzeiten auf.

a    b

2 Ergänze jeweils zur nächsten vollen Stunde.

16.09 Uhr   0.17 Uhr   9.32 Uhr

3 Löse mit einem Pfeilbild und schreibe eine Antwort.

a

Sina schaut von 17.45 Uhr bis 19.35 Uhr fern. Wie viel Zeit verbringt sie vor dem Fernseher?

b

Jan geht ins Kino. Der Film beginnt um 16.15 Uhr und dauert 86 min. Wann endet der Film?

4 a

Schreibe in Minuten.
2 h   1 h 35 min   3 h 4 min   5 h 26 min

c

Schreibe in Minuten und Sekunden.
180 s   72 s   250 s   606 s

b

Schreibe in Stunden und Minuten.
85 min   105 min   130 min   200 min

d

Schreibe in Sekunden.
6 min $\frac{1}{2}$ min $2\frac{3}{4}$ min   10 min 44 s

5 a

·	10	5	15
2			
4			

b

·	40	8	
3			
7			

6 Dividiere halbschriftlich. Kontrolliere mit der Umkehraufgabe.

a 48 : 4   b 126 : 6   c 43 : 3   d 103 : 5

7 a

Ben hat ein 108 cm langes Band. Für seine Freunde zerschneidet er es in 6 gleich lange Teile.

b

Marie schreibt ihren 5 Freundinnen eine Postkarte aus dem Urlaub. Für jede Karte bezahlt sie 1,69 €.

8 Löse im Kopf mit einem Rechentrick.

a 674 + 298   b 783 − 199   c 19 · 7   d 76 : 4

Wichtige Aufgaben der siebten Lerneinheit (Heft 4, Seite 4–19) wiederholen;
Selbsteinschätzung: entsprechend dem Können der Aufgabe passenden Smiley ins Heft malen

1

1	2	3	4	5	6	7	8	9	10
11	12	13	14	15	16	17	18	19	20
21	22	23	24	25	26	27	28	29	30
31	32	33	34	35	36	37	38	39	40
41	42	43	44	45	46	47	48	49	50
51	52	53	54	55	56	57	58	59	60
61	62	63	64	65	66	67	68	69	70
71	72	73	74	75	76	77	78	79	80
81	82	83	84	85	86	87	88	89	90
91	92	93	94	95	96	97	98	99	100

Auf der Hundertertafel ist ein T gefärbt.
Die Summe der Zahlen ist 120.
120 ist eine T-Zahl.

17 + 18 + 19 + 28 + 38 = 120

a

Färbe in einer Hundertertafel weitere T-Felder und berechne die T-Zahlen.
Was stellst du fest?

b

Wie ändert sich die T-Zahl, wenn du das T
um ein Feld nach rechts verschiebst?
Überlege zuerst, probiere dann aus.

c

Wie ändert sich die T-Zahl, wenn du das T
um ein Feld nach unten verschiebst?

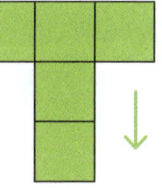

2 **a**

Wie musst du dieses T
verschieben, um zur
T-Zahl 260 zu kommen?

24	25	26
	35	
	45	

b

Wie musst du das T verschieben,
um zur T-Zahl 340 zu kommen?

3

Male in einer Hundertertafel L-Zahlen an und untersuche sie
wie in Aufgabe 1.

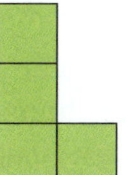

4

Finde ein T und ein L,
bei denen die Summen
gleich sind.

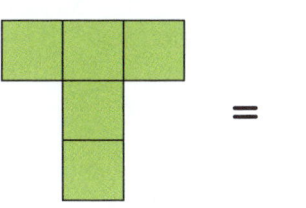

=

1 a

Sammelt vier verschiedene Gefäße.
Ordnet die Gefäße nach ihrem Rauminhalt.

b

Überprüft durch Umfüllen,
ob ihr richtig geordnet habt.

c

Zeichnet ein Pfeilbild von eurem Ergebnis.

> S.22 Nr.1
>
> c)   ... hat mehr Rauminhalt als ...
>
> Milchtüte → Wasserflasche
>
> Vase → Trinkflasche

2 a

Schätzt, wie oft der Inhalt einer Tasse in jedes eurer Gefäße passt.
Tragt eure Schätzung in eine Tabelle ein.

b

Überprüft eure Vermutung. Tragt euer
Ergebnis auch in eine Tabelle ein.

c

Vergleicht euer Ergebnis mit dem Ergebnis von Aufgabe 1c.

Gefäß	Anzahl der Tassen	
	geschätzt	gemessen
Milchtüte		

3 Vergleicht den Rauminhalt von vier weiteren Gefäßen.
Messt mit Tassen und zeichnet ein Pfeilbild.

4 Die Kinder haben von vier Gefäßen die Rauminhalte verglichen.
Zeichne ein Pfeilbild zu ihren Aussagen.

> In die Schale passt
> doppelt so viel wie in
> den Joghurtbecher.
>   Gor

> In die Kanne passen
> 3 Joghurtbecher.
>
>   Julia

> In die Schale passt
> aber nur halb so
> viel wie in die Salat-
> schüssel.   Tarek

1 Untersuche verschiedene Messbecher. Erkläre, was die Aufschriften bedeuten.

1 Liter = 1 000 Milliliter
1 l = 1 000 ml
$\frac{1}{2}$ l = 500 ml
$\frac{1}{4}$ l = 250 ml
$\frac{3}{4}$ l = 750 ml

2 Wie oft passt der Inhalt von $\frac{1}{4}$ l-, $\frac{1}{2}$ l-, $\frac{3}{4}$ l- und 1 l-Messbechern in eure Gefäße? Findet verschiedene Möglichkeiten.

S. 2 3 Nr. 2

Vase: 6-mal $\frac{1}{4}$ l oder

3-mal $\frac{1}{2}$ l oder

3 Sammelt Behälter, in die genau 1 l, $\frac{1}{2}$ l, $\frac{1}{4}$ l oder $\frac{3}{4}$ l passen. Gestaltet eine Ausstellung.

4 Ordne den Gegenständen den passenden Rauminhalt zu. Präge sie dir als Merkmaße ein.

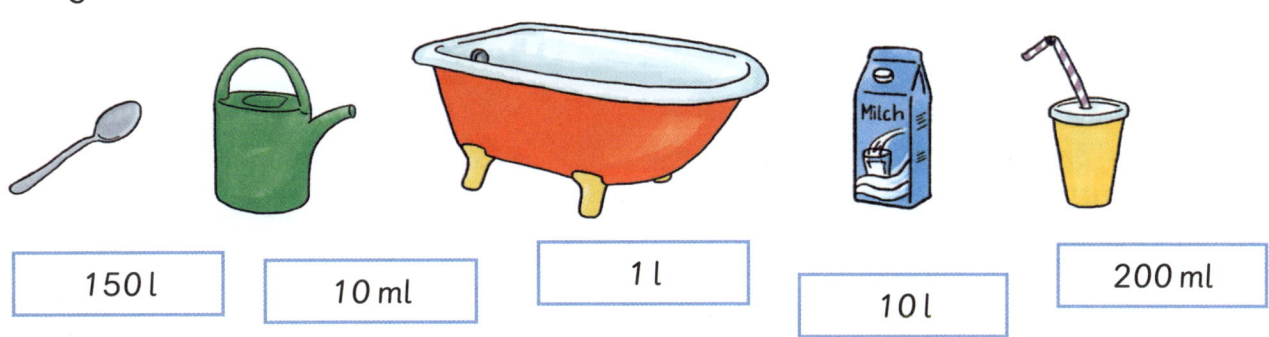

| 150 l | 10 ml | 1 l | 10 l | 200 ml |

5 Welchen Gegenstand von Aufgabe 4 haben sich die Kinder gedacht?

a Jonas denkt sich einen Gegenstand. Es passen 10 Milchtüten mit Wasser hinein.

b Mascha denkt sich einen Gegenstand. In ihn passen 5 Trinkgläser mit Wasser.

c Ben denkt sich einen Gegenstand. In ihn passen 15 000 Esslöffel mit Wasser.

6

16 : 2 = 8	45 : 9 = 5	10 : 1 = 10	60 : 10 = 6	32 : 8 = 4
54 : 6 = 9	18 : 3 = 6	64 : 8 = 8	24 : 6 = 4	15 : 5 = 3
28 : 4 = 7	21 : 7 = 3	25 : 5 = 5	14 : 7 = 2	81 : 9 = 9

Liter und Milliliter

1 Wie viel fehlt bis zum vollen Liter? Schreibe so: 800 ml + 200 ml = 1 l

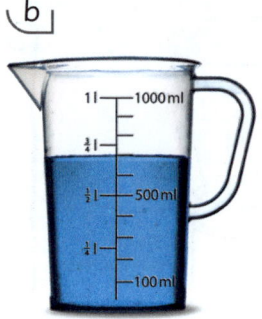 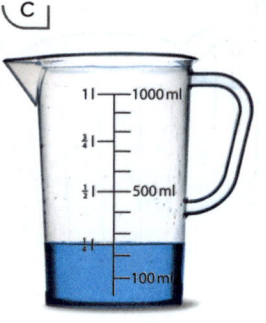 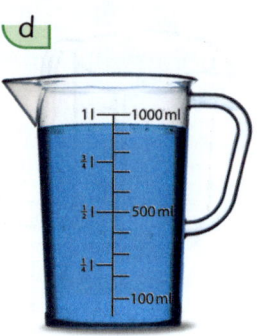

a   b   c   d

2

a
400 ml + ▨ = 1 l
650 ml + ▨ = 1 l
985 ml + ▨ = 1 l

b
$\frac{1}{2}$ l + ▨ = 1 l
$\frac{3}{4}$ l + ▨ = 1 l
$\frac{1}{4}$ l + ▨ = 1 l

c
200 ml + ▨ = $\frac{1}{2}$ l
350 ml + ▨ = $\frac{1}{2}$ l
49 ml + ▨ = $\frac{1}{2}$ l

d
650 ml + ▨ = $\frac{3}{4}$ l
705 ml + ▨ = $\frac{3}{4}$ l
161 ml + ▨ = $\frac{3}{4}$ l

3 Setze >, <, = oder passende Zahlen ein.

a
710 ml ● 7 l
320 ml ● 302 l
100 ml ● 1 l

b
200 ml ● $\frac{1}{4}$ l
500 ml ● $\frac{1}{2}$ l
750 l ● $\frac{3}{4}$ l

c
$\frac{3}{4}$ l ● 750 ml
$\frac{1}{2}$ l ● 50 ml
$\frac{1}{4}$ l ● 25 l

d
900 ml < ▨
370 ml > ▨
$\frac{1}{4}$ l = ▨

4

a
Mias Mutter mischt 350 ml Mineralwasser mit $\frac{1}{2}$ l Orangensaft.

b
Zum Frühstück gibt es 1 l Tee. Es werden 820 ml getrunken.

c
Beim Kindergeburtstag bleiben von 1$\frac{1}{2}$ l Kinderpunsch 250 ml übrig.

> Ich wandle in die gleiche Einheit um.

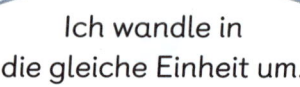

5   Verändere die unterstrichenen Angaben in Aufgabe 4 so, dass eine neue Sachaufgabe entsteht. Schreibe die Aufgabe auf. Dein Partner löst sie.

6 Schreibe die Sätze auf und setze richtig ein: l, ml, km, m, kg, g, €, ct, min

- Eine Kugel Eis kostet 80 ▨.
- Jonas kann 3,20 ▨ weit springen.
- In der Flasche sind 250 ▨ Hustensaft.
- Ein Fußgänger geht 1 ▨ in 15 ▨.
- 1 ▨ Wasser wiegt 1 ▨.
- 100 ▨ Salami kostet 1,78 ▨.

1 Ein Hund braucht je 5 kg Körpergewicht etwa $\frac{1}{2}$ l Wasser am Tag.
Wie viel Liter Wasser benötigen diese Hunde täglich? Erstelle eine Tabelle.
Beginne mit dem leichtesten Hund.

Zwergschnauzer
5 kg

Dalmatiner
25 kg

Cockerspaniel
15 kg

Dackel
10 kg

Deutscher
Schäferhund
35 kg

Bobtail
30 kg

Hund	Körpergewicht	Wasserbedarf
Zwergschnauzer	5 kg	$\frac{1}{2}$ l

2

a Max hat einen <u>Dackel</u> und einen <u>Dalmatiner</u>. Wie viel Liter Wasser benötigen die beiden Hunde am Tag?

b Jule hat einen <u>Deutschen Schäferhund</u>. Wie viel Wasser benötigt ihr Hund in der Woche?

c Maras Hund benötigt jeden Tag etwa <u>3 l</u> Wasser. Welche Hunderasse besitzt Mara?

d Finns Hund benötigt <u>$\frac{1}{2}$ l</u> Wasser am Tag. Bens Hund benötigt <u>3-mal</u> so viel. Welche Hunde haben die Kinder?

3 Verändere die unterstrichenen Angaben in Aufgabe 2 so, dass eine neue Sachaufgabe entsteht. Schreibe die Aufgabe auf. Dein Partner löst sie.

4 **?** Erfinde Sachaufgaben für deinen Partner. Verwende dazu die Angaben unten, schlage in einem Lexikon nach oder recherchiere im Internet, wie viel Liter Wasser Lebewesen brauchen.

> Ein Kind sollte 1 l am Tag trinken, ein Erwachsener 2 l.

> Eine Milchkuh benötigt 80 l Wasser an einem warmen Tag.

> Ein Kamel kann 10 Minuten lang ohne Pause trinken. In jeder Minute trinkt es 15 l Wasser.

1 Welche Zahl hat sich Tina gedacht?

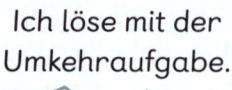

Ich löse mit der Umkehraufgabe.

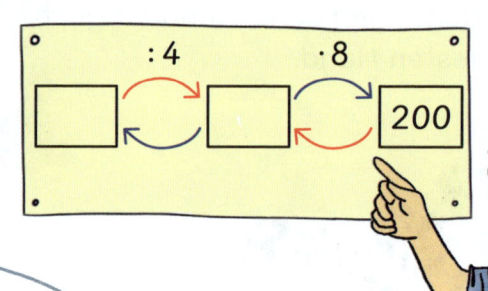

: 4   · 8

200

Ich denke mir eine Zahl. Ich dividiere sie durch 4, multipliziere den Quotienten mit 8 und erhalte 200 als Produkt.

Das Ergebnis einer Multiplikationsaufgabe heißt Produkt.
Das Ergebnis einer Divisionsaufgabe heißt Quotient.

2 Welche Zahlen haben sich die Kinder gedacht? Löse mit einem Pfeilbild.

a

Silas denkt sich eine Zahl. Er dividiert sie durch 4. Zum Quotienten addiert er 423 und erhält 470 als Summe.

b

Emilia denkt sich eine Zahl. Sie subtrahiert 195. Die Differenz multipliziert sie mit 4 und erhält 588 als Produkt.

c

Leo denkt sich eine Zahl. Er addiert 23. Die Summe dividiert er durch 5. Vom Quotienten subtrahiert er 37 und erhält 12 als Differenz.

d

Kim denkt sich eine Zahl. Zum Doppelten der Zahl addiert sie das Produkt der Zahlen 13 und 4. Die Summe dividiert sie durch 9 und erhält 8 als Quotienten.

3 Erfinde ein eigenes Zahlenrätsel. Dein Partner löst es.

?

4 In dem Quadrat kommt jede der Ziffern 1 bis 5 genau fünfmal vor. Zerlege das Quadrat so in fünf Teile, dass in jedem Teil jede Ziffer genau einmal enthalten ist.

1	2	3	4	3
5	1	5	1	4
4	3	2	4	2
3	5	1	2	3
2	4	5	1	5

Rechenregeln

> ### Klammerregel
>
> Was in der Klammer steht, wird zuerst ausgerechnet.
>
> Beispiele:
> $5 \cdot (3 + 4) = \blacksquare$ $\qquad$ $(20 - 8) : (2 + 4) = \blacksquare$
> $5 \cdot \quad 7 \quad = 35$ $\qquad$ $12 \quad : \quad 6 \quad = 2$

1 Rechne beide Aufgaben. Beachte die Klammer. Was stellst du fest?

a	b	c	d
$(4 + 5) \cdot 3$	$3 \cdot (8 + 7)$	$(24 - 8) : 4$	$36 : (9 - 3)$
$4 + (5 \cdot 3)$	$(3 \cdot 8) + 7$	$24 - (8 : 4)$	$(36 : 9) - 3$

> ### Vorrangregel
>
> Wenn keine Klammer steht, gilt:
> Die Punktrechnung ($\cdot$, $:$) muss vor
> der Strichrechnung ($+$, $-$) gerechnet werden.
>
> Beispiele:
> $3 + 4 \cdot 5 = \blacksquare$ $\qquad$ $25 - 2 \cdot 8 + 12 : 4 = \blacksquare$
> $3 + 20 \quad = 23$ $\qquad$ $25 - 16 \quad + \quad 3 \quad = 12$

Multiplikation ($\cdot$) und Division ($:$)
nennt man Punktrechnung.

Addition ($+$) und Subtraktion ($-$)
nennt man Strichrechnung.

2 Beachte die Vorrangregel.

a	b	c	d
$12 + 3 \cdot 2$	$36 : 9 + 48$	$85 - 8 \cdot 6$	$24 : 4 + 7 \cdot 4$
$14 \cdot 4 + 6$	$9 + 45 : 5$	$8 \cdot 9 - 46$	$13 \cdot 5 - 35 : 7$
$22 + 5 \cdot 18$	$63 : 7 + 57$	$99 - 3 \cdot 16$	$42 : 6 - 63 : 9$
18 32 62 112	18 52 60 66	26 37 51 67	0 24 34 60

(Lösungszahlen in Kästchen kopfstehend gedruckt)

3 Setze wenn nötig Klammern, so dass die Aufgabe richtig ist.

a	b	c	d
$8 - 3 \cdot 5 = 25$	$40 : 12 - 4 = 5$	$3 + 6 : 2 = 6$	$99 : 9 - 6 \cdot 2 = 66$

4 Setze die Zahlen so ein, dass eine richtige Aufgabe entsteht.

a	b	c
6 $\quad$ 7 $\quad$ 8	3 $\quad$  9 $\quad$ 12	8 $\quad$ 45 $\quad$ 48
$\blacksquare + \blacksquare \cdot \blacksquare = 50$	$\blacksquare : \blacksquare + \blacksquare = 15$	$\blacksquare - \blacksquare : \blacksquare = 39$

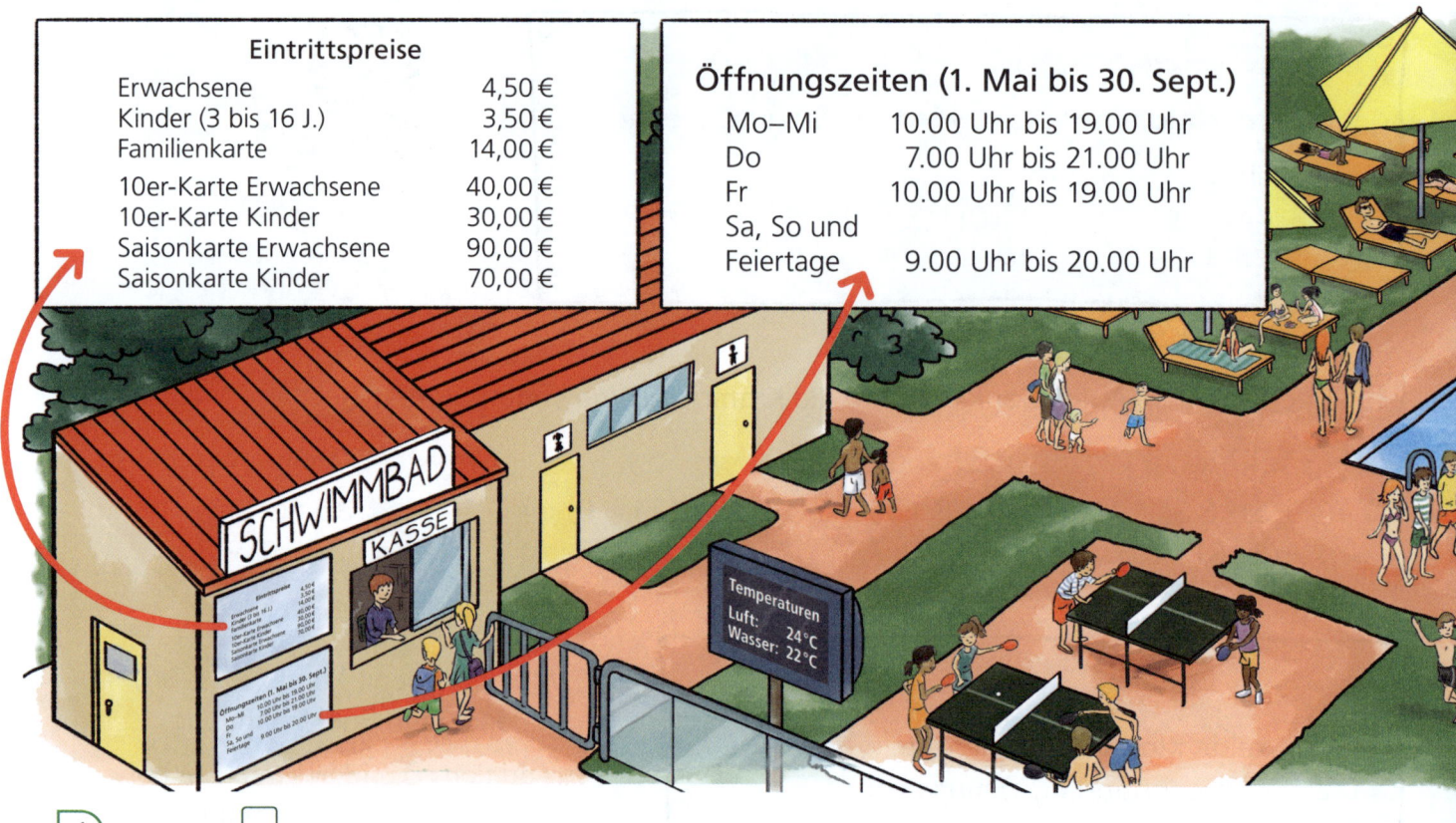

Eintrittspreise

Erwachsene	4,50 €
Kinder (3 bis 16 J.)	3,50 €
Familienkarte	14,00 €
10er-Karte Erwachsene	40,00 €
10er-Karte Kinder	30,00 €
Saisonkarte Erwachsene	90,00 €
Saisonkarte Kinder	70,00 €

Öffnungszeiten (1. Mai bis 30. Sept.)

Mo–Mi	10.00 Uhr bis 19.00 Uhr
Do	7.00 Uhr bis 21.00 Uhr
Fr	10.00 Uhr bis 19.00 Uhr
Sa, So und Feiertage	9.00 Uhr bis 20.00 Uhr

1 a

Auf dem Bild gibt es viel zu entdecken. Erzähle.
Beachte Eintrittspreise, Öffnungszeiten, Kursangebote und Wettkampfzeiten.

b ?

Erfindet Sachaufgaben zum Schwimmbad und schreibt sie auf.

Geöffnete Stunden vom 1. bis 10. Juni	Unterschiede bei den Wettkampfzeiten	10er-Karte oder Saisonkarte?

c

Tauscht eure Aufgaben aus und löst sie.

2 Überprüft die Aussagen des Bademeisters. Kann das stimmen?
Sucht andere mögliche Lösungen.

In dieser Woche hat unser Schwimmbad 69 Stunden geöffnet.

Heute waren 84 Erwachsene und 136 Kinder im Bad. Wir haben 854,00 € Eintritt eingenommen.

3 Erfinde Sachaufgaben, die zu den Rechnungen passen.

a 6 · 25 m   b 8 · 1 h 30 min   c 2 · 4,50 € + 33,50 €

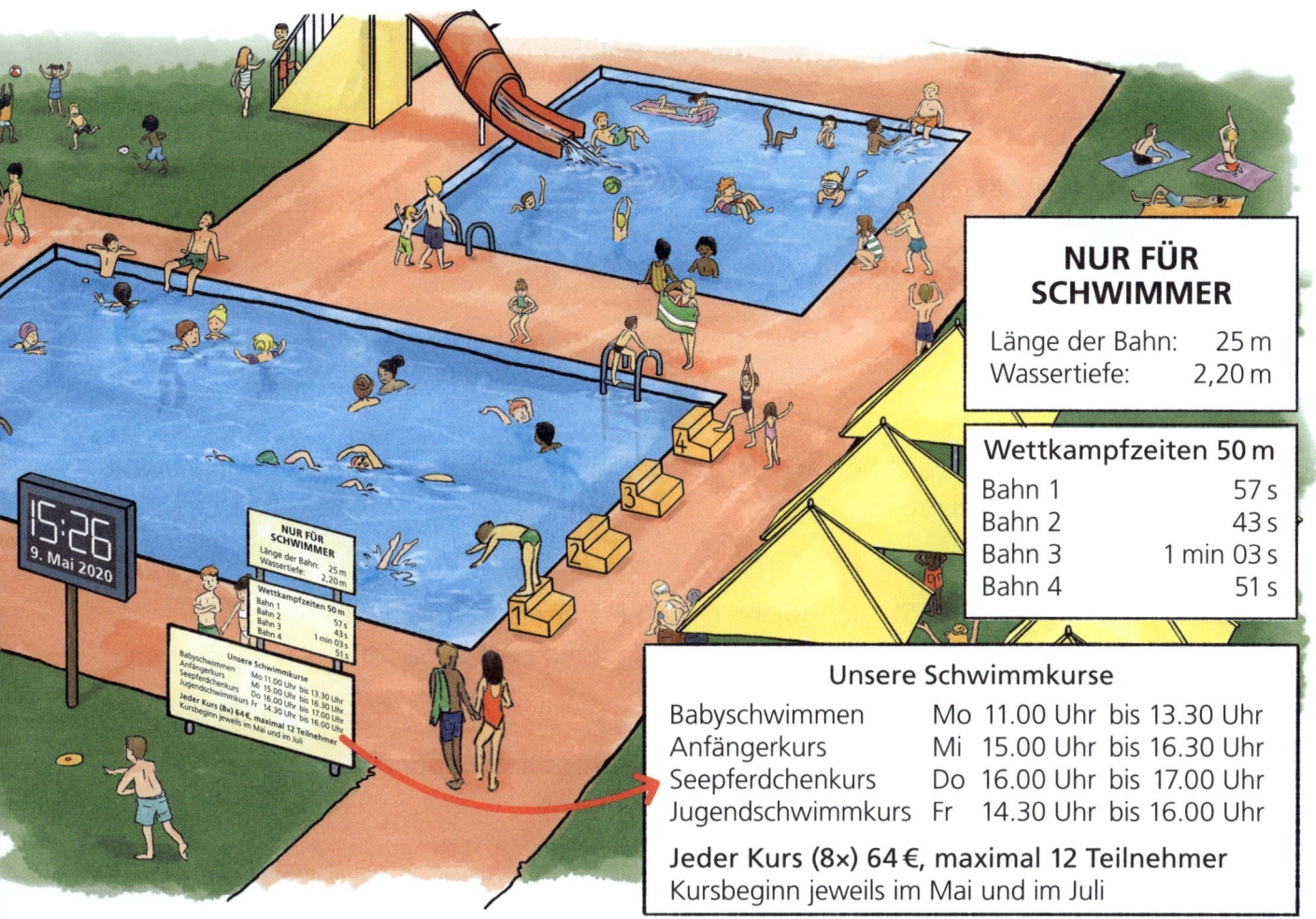

NUR FÜR SCHWIMMER

Länge der Bahn: 25 m
Wassertiefe: 2,20 m

Wettkampfzeiten 50 m

Bahn 1	57 s
Bahn 2	43 s
Bahn 3	1 min 03 s
Bahn 4	51 s

Unsere Schwimmkurse

Babyschwimmen	Mo	11.00 Uhr	bis	13.30 Uhr
Anfängerkurs	Mi	15.00 Uhr	bis	16.30 Uhr
Seepferdchenkurs	Do	16.00 Uhr	bis	17.00 Uhr
Jugendschwimmkurs	Fr	14.30 Uhr	bis	16.00 Uhr

Jeder Kurs (8×) 64 €, maximal 12 Teilnehmer
Kursbeginn jeweils im Mai und im Juli

---

4 Ida feiert ihren Geburtstag im Schwimmbad. Sie hat 6 Kinder eingeladen.
Idas Eltern gehen auch mit. Wie viel Euro kostet der Eintritt?

5 Herr und Frau Schneider planen mit ihren Kindern Mara (9) und Leo (12), im August
5-mal ins Schwimmbad zu gehen. Sind 10er-Karten oder Familienkarten für die
Familie günstiger?

6 Gor möchte schwimmen lernen. Nach dem Besuch des Anfängerkurses schafft er es,
25 m alleine zu schwimmen. Wie viele Stunden hat Gor geübt?

7 Lisa möchte heute 250 m ohne Pause schwimmen. Sie möchte dafür nicht mehr als
6 min benötigen.

8 Im Juli bietet der Schwimmlehrer noch einen zweiten Seepferdchenkurs und einen
zweiten Jugendschwimmkurs an.

9 Wenn das Schwimmbad in diesem Jahr 100 Tage geöffnet hat, möchte der
Bademeister ein Schwimmfest veranstalten.

1 Wie wurden die Figuren vergrößert und verkleinert? Erkläre.

vergrößern   verkleinern

2 a

Lege eine Figur mit Streichhölzern. Dein Partner legt die Figur vergrößert daneben. Jede Seite soll doppelt so lang sein.

b

Lege große Figuren mit Streichhölzern. Dein Partner legt die Figur verkleinert daneben. Achtung: Jede Seite muss aus mindestens zwei Streichhölzern bestehen.

3 Zeichne die Figuren vergrößert ins Heft. Jede Seite soll doppelt so lang sein.

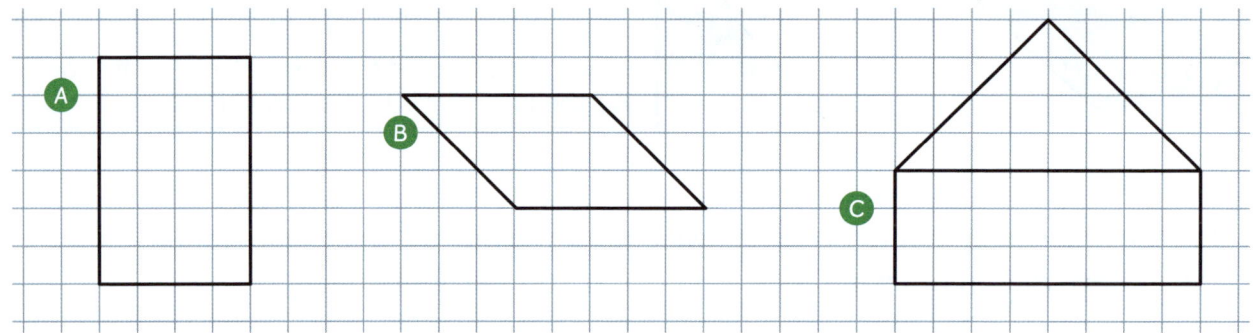

4 Zeichne die Figuren verkleinert ins Heft. Jede Seite soll halb so lang sein.

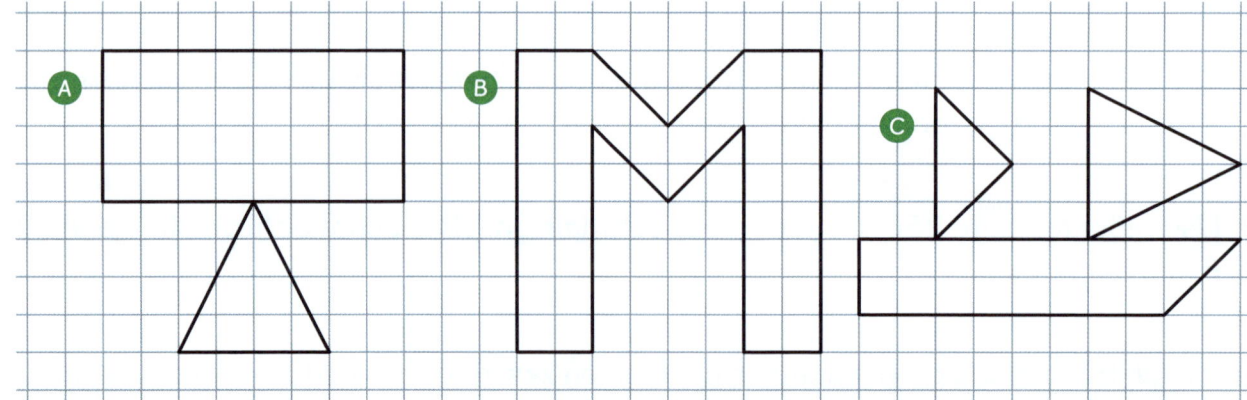

5 Erfinde eigene Figuren. Dein Partner entscheidet, ob er sie vergrößert oder
? verkleinert ins Heft zeichnet.

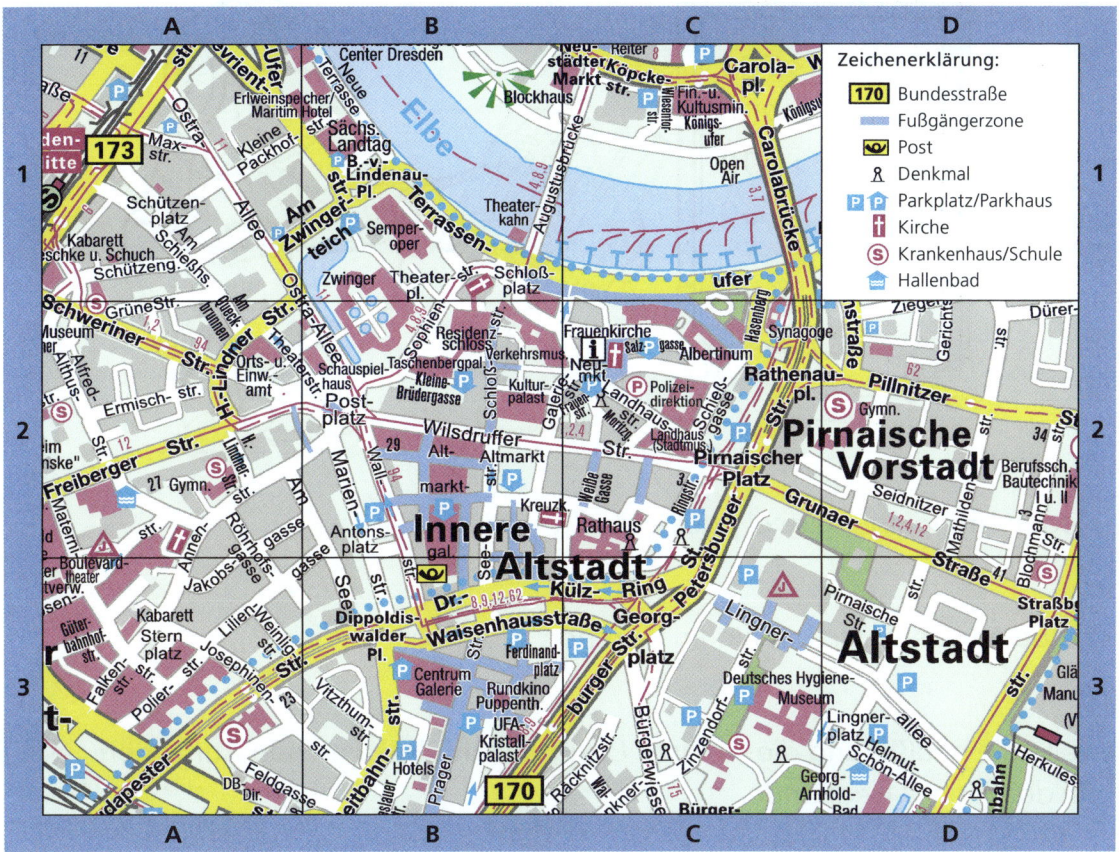

1 Untersucht den Stadtplan von Dresden. Was könnt ihr entdecken?
Beachtet auch die Symbole und die Zeichenerklärung.

2 Auf dem Stadtplan ist ein Gitter mit Quadraten gezeichnet. Die Quadrate nennt
man Planquadrate. Jedes Planquadrat hat einen Namen, der aus den Zahlen und
Buchstaben am Rand gebildet wird.

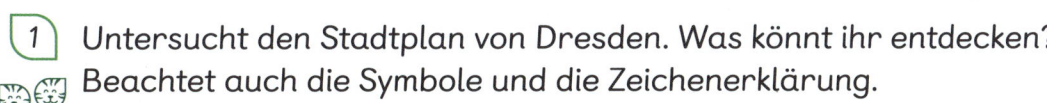

a

Zeige das Planquadrat 2A. Schreibe drei Straßennamen und drei Gebäude auf,
die in diesem Planquadrat liegen.

b

In welchem Planquadrat liegt ...

- die Carolabrücke,
- die Semperoper,
- der Postplatz,

- das Deutsche Hygiene-Museum,
- die Polizeidirektion,
- das Schauspielhaus?

3 Sucht die Wege und beschreibt sie.

- vom Georgsplatz zur Frauenkirche
- vom Zwinger zum Carolaplatz

4 Nenne zwei Orte im Stadtplan. Dein Partner beschreibt den Weg.

Ungleichungen

1

$$540 + \blacksquare < 700$$
$$325 - \blacksquare > 200$$
$$18 \cdot \blacksquare > 90$$
$$420 : \blacksquare < 60$$

a

Finde zu jeder Ungleichung drei passende Zahlen.

b

Vergleiche deine Lösungen mit einem Partner. Was stellt ihr fest?

c

Finde jeweils die größte und die kleinste Lösungszahl. Bei welchen Aufgaben gelingt dir das nicht? Begründe.

> Ich rechne zuerst die Gleichung $255 + \blacksquare = 500$.
> Dann beachte ich das Zeichen $>$. Wenn die Zahlenfolge
> weitergeht, schreibe ich einfach „...".

2 Um alle Lösungen für eine Ungleichung zu finden,
verwendet Marie einen Trick.
Löse die Ungleichungen wie Marie.

a

$$255 + \blacksquare > 500$$
$$\blacksquare + 328 < 900$$

b

$$640 - \blacksquare > 490$$
$$\blacksquare - 250 < 735$$

c

$$26 \cdot \blacksquare < 156$$
$$\blacksquare \cdot 7 > 245$$

d

$$480 : \blacksquare < 80$$
$$\blacksquare : 4 > 60$$

S. 32 Nr. 2

a) $255 + \square > 500$

$\square = 246, \quad 247, \quad 248 \ldots$

$\square + 328 < 900$

$\square = 571, \quad 570, \quad 569 \ldots \quad 1, \quad 0$

3 Rechne schriftlich.

a

$$351 + 485$$
$$294 + 637$$

b

$$576 + 158 + 61$$
$$307 + 429 + 264$$

c

$$764 - 251$$
$$637 - 583$$

d

$$825 - 468$$
$$560 - 392$$

1c Thematisieren, dass es unendlich viele Lösungen geben kann

Schriftliches Multiplizieren

1 Erkläre, wie Paul rechnet. Vergleiche mit den Rechnungen von Nora und Ben.

231 · 3

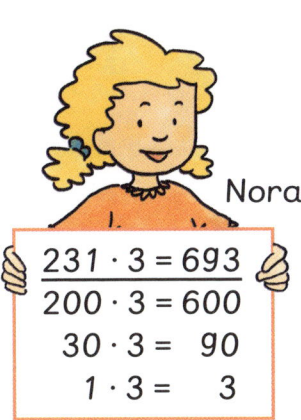
Nora

```
231 · 3 = 693
200 · 3 = 600
 30 · 3 =  90
  1 · 3 =   3
```

Ben

```
  231
  231
+ 231
  693
```

Paul

```
HZE
231 · 3
HZE
693
```

Ich multipliziere schriftlich und beginne mit den Einern.
3 · 1 E = 3 E
3 · 3 Z = 9 Z
3 · 2 H = 6 H

2 Rechne zuerst einen Überschlag, multipliziere dann schriftlich.

a) 243 · 2   121 · 4

b) 321 · 3   402 · 2

c) 758 · 1   110 · 5

d) 421 · 3   534 · 2

```
S. 3 3  Nr. 2
a)  Ü: 2 0 0 · 2 = 4 0 0
     H Z E
     2 4 3 · 2
     H Z E
     4 8 6
```

3
```
H Z E
1 2 6 · 3
  H Z E
  3 7 8
```

3 · 6 E = 18 E, schreibe 8, behalte 1.
3 · 2 Z = 6 Z, 6 Z + 1 Z = 7 Z, schreibe 7.
3 · 1 H = 3 H, schreibe 3.

Rechne zuerst einen Überschlag, multipliziere dann schriftlich. Achte auf die Überträge.

a) 126 · 3   161 · 5

b) 208 · 4   327 · 3

c) 352 · 3   109 · 7

d) 162 · 6   183 · 5

e) 225 · 7   382 · 5

4 Finde die Fehler und beschreibe sie. Rechne dann richtig.

a)
```
H Z E
2 1 4 · 3
  H Z E
  6 3 2
```

b)
```
H Z E
4 5 6 · 2
  H Z E
  9 6 2
```

c)
```
H Z E
2 2 7 · 3
  H Z E
  7 8 1
```

... Übertrag zu viel ...

... falsch multipliziert ...

... Übertrag vergessen ...

1 Rechne zuerst einen Überschlag, löse dann genau.

a	b	c	d
354 + 273	468 + 214 + 76	781 − 462	804 − 387

2

a
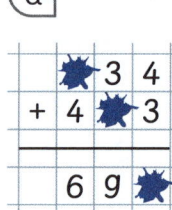

b
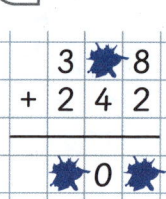

c
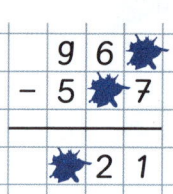

d
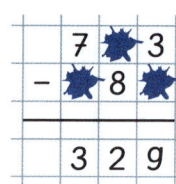

3 Kontrolliere mit der Umkehraufgabe.

a 98 : 8   b 111 : 3   c 70 : 6   d 121 : 4

4

a

·	10	7	17
2			
5			

b

·	30	4	
3			
6			

5

a

Mascha denkt sich eine Zahl. Sie verdoppelt die Zahl und subtrahiert dann 25. Die Differenz multipliziert sie mit 20 und erhält 100 als Produkt.

b

Leo denkt sich eine Zahl. Er addiert 48 und dividiert dann durch 6. Den Quotienten multipliziert er mit 14. Zum Schluss addiert er 8 und erhält 120 als Summe.

6 Finde die Regel und setze die Zahlenfolgen fort.

a 258, 265, 272, 279, ..., 314   b 876, 865, 854, 843, ..., 788

7 Zeichne ab und ergänze symmetrisch.

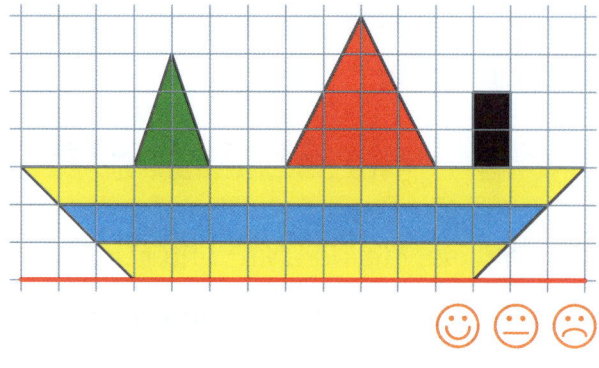

8 Zeichne vergrößert ins Heft. Jede Seite soll doppelt so lang sein.

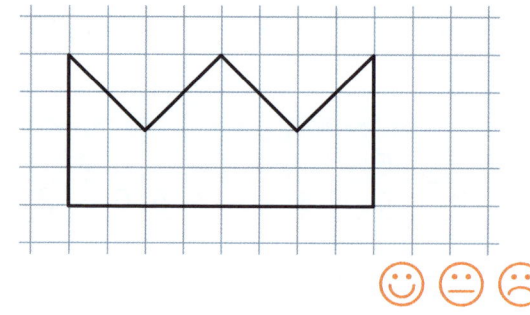

Wichtige Aufgaben des 3. Schuljahrs wiederholen
Selbsteinschätzung: entsprechend dem Können der Aufgabe passenden Smiley ins Heft malen

g
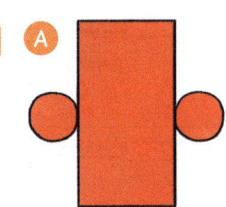 A 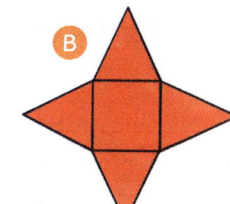 B  C 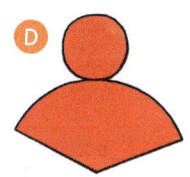 D  E

a

Welche Körper kannst du aus den Netzen bilden?

b

Wie viele Kanten, Ecken und Flächen haben die Körper jeweils?

10   a

Zeichne einen Bauplan.

b

Aus wie vielen Würfeln besteht der Körper?

c

Zeichne die Ansicht von links.

hinten

links

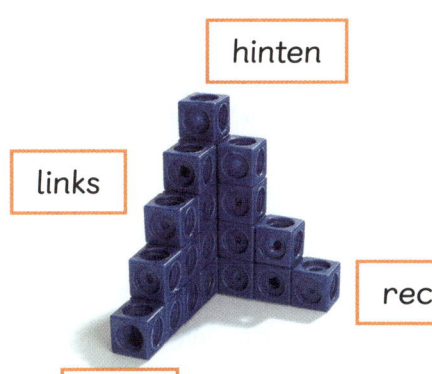

rechts

vorn

11   Wandle um.

a

3,20 € = ▦ ct
49 ct = ▦ €

b

$\frac{1}{4}$ km = ▦ m
5 cm = ▦ mm

c

750 g = ▦ kg
1 kg = ▦ g

d

$1\frac{1}{2}$ h = ▦ min
5 min = ▦ s

12   a

35 cm + ▦ = 1 m
240 m + ▦ = $\frac{1}{2}$ km

b

35 min + ▦ = 1 h
17 s + ▦ = $\frac{1}{2}$ min

c

901 g + ▦ = 1 kg
60 g + ▦ = $\frac{1}{2}$ kg

d

530 ml + ▦ = 1 l
$\frac{1}{4}$ l + ▦ = $\frac{1}{2}$ l

13   a

Finn soll 5 Stücke Butter kaufen.
Ein Stück Butter wiegt $\frac{1}{4}$ kg. Wie schwer
ist sein Einkauf?

b

Lara zersägt einen 250 cm langen Holz-
stab in 8 gleich lange Teile. Wie lang ist
jedes Teil? Wie viel Holz bleibt übrig?

c

Paul möchte ein Fahrrad für 415 €
kaufen. Er hat 247 € gespart. Die
Hälfte des Geldes, das Paul noch
braucht, bekommt er von seiner Oma.
Wie viel Euro muss Paul noch sparen?

d

Dana hat um 7.35 Uhr das Haus
verlassen. Um 13.10 Uhr ist sie wieder
zu Hause. Für den Hin- und Rückweg
braucht sie jeweils 15 min. Wie lange
war Dana in der Schule?

Wichtige Aufgaben des 3. Schuljahrs wiederholen
Selbsteinschätzung: entsprechend dem Können der Aufgabe passenden Smiley ins Heft malen

35

1

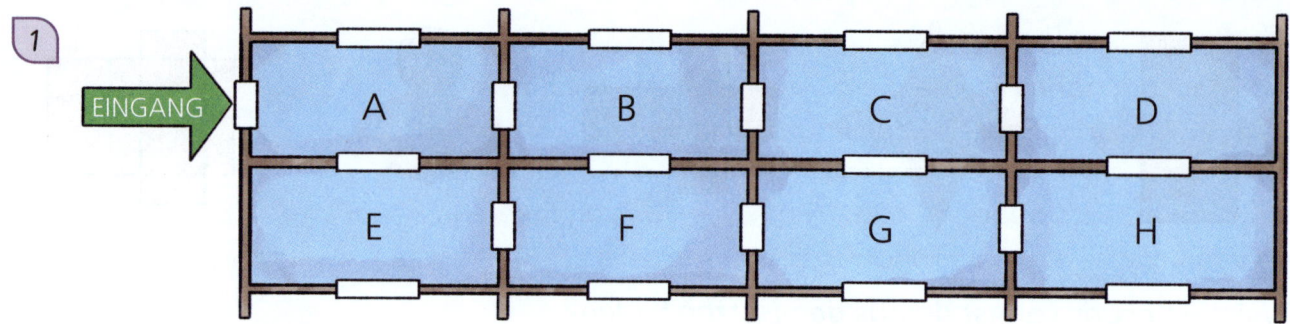

Im Museum gibt es 8 Säle, die miteinander verbunden sind. Tarek geht in Saal A los und möchte alle Säle besuchen, ohne zweimal durch den gleichen Saal zu gehen. Den blauen Bereich will er dabei erst am Ende verlassen.

a

Finde alle Wege, die möglich sind. Wie viele sind es?

b

Wegen Umbauarbeiten wird Saal E geschlossen. Wie viele Wege findest du jetzt?

 **c**

Tarek behauptet: „Wenn Saal C geschlossen wird, ist es nicht mehr möglich, jeden Saal nur einmal zu besuchen." Emma meint: „Das gilt noch für zwei andere Säle." Stimmt das? Überprüfe.

2

a

Wie viele Inseln musst du mindestens besuchen, um von A nach B zu gelangen?

b

Wie viele Inseln kannst du auf dem Weg von A nach B höchstens besuchen, ohne eine Insel zweimal zu betreten?

 c

Um jede Insel einmal zu besuchen, muss eine neue Brücke gebaut werden. Zwischen welchen Inseln fehlt eine Brücke?

Vor etwa 800 Jahren lebte Leonardo von Pisa, der auch Fibonacci genannt wurde. Sein Vater war ein reicher Mann, der ihn von einem guten Lehrer unterrichten ließ. So lernte Leonardo das Rechnen mit indischen Zahlen, was damals nicht viele Leute beherrschten. Auf seinen Reisen lernte er dann auch, wie in anderen Ländern gerechnet wurde. Leonardo schrieb ein Buch über die Rechenkunst. Das Buch hieß „Liber Abaci". Die Entdeckung der Fibonacci-Zahlenfolge machte Leonardo von Pisa berühmt.

Fibonacci-Zahlenfolge:

$$1, 1, 2, 3, 5, 8, 13, 21, 34, 55, 89, 144 \ldots$$

1 a

Wie ist die Zahlenfolge von Fibonacci aufgebaut? Erkläre.

b

Erstelle eine Zahlenfolge mit der gleichen Regel wie Fibonacci.
Beginne mit der Zahl 2 (3, 4, 5) und rechne, so weit du kannst.

2 Miss die Kantenlänge der Quadrate. Beginne beim kleinsten Quadrat.
Was stellst du fest?

3 Zeichne die Quadrate auf Zeichenpapier und setze das Muster fort.
Welche Kantenlänge hat dein größtes Quadrat?

4 Findet heraus, was Schneckenhaus, Sonnenblume
und Hühnerei mit der Fibonacci-Zahlenfolge zu tun haben.
Verwendet dazu Lexika oder das Internet.

Tausender, Hunderter, Zehner und Einer

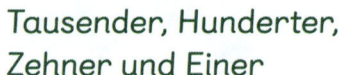

Tausender Hunderter Zehner Einer

T	H	Z	E
	2	3	4

2 H 3 Z 4 E = 200 + 30 + 4 = 234

Nachbarzehner

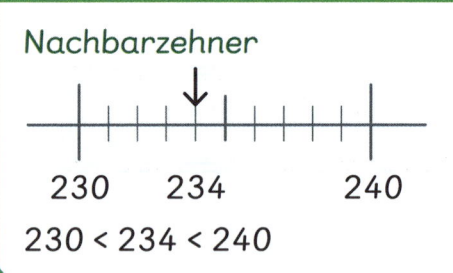

230   234   240

230 < 234 < 240

Nachbarhunderter

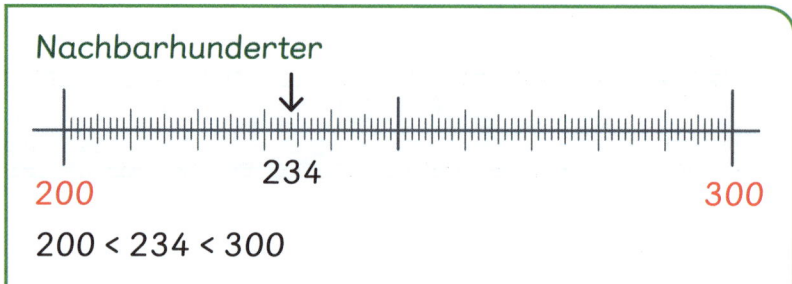

234

200   300

200 < 234 < 300

Grundrechenarten

+

addieren Addition

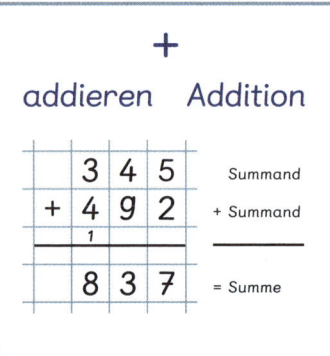

−

subtrahieren Subtraktion   oder

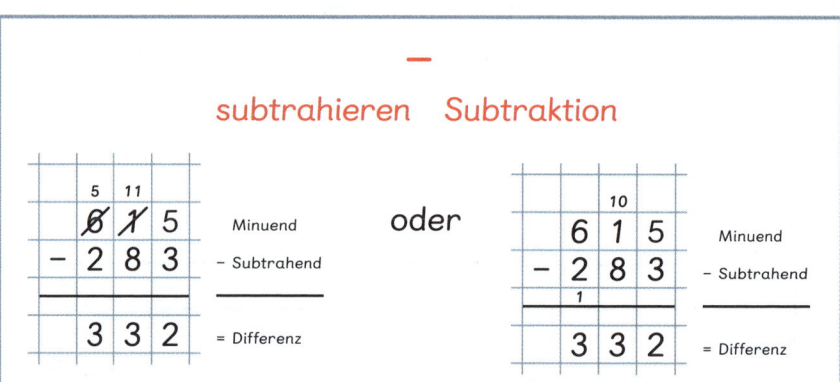

·

multiplizieren Multiplikation

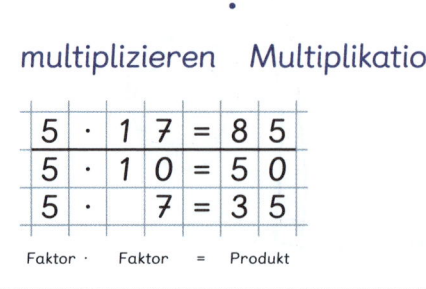

5 · 17 = 85
5 · 10 = 50
5 ·   7 = 35

Faktor · Faktor = Produkt

:

dividieren Division

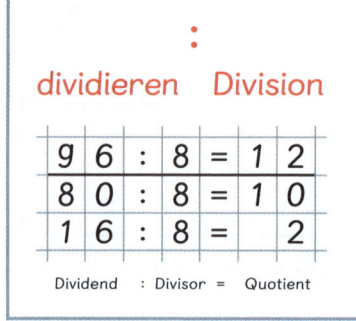

96 : 8 = 12
80 : 8 = 10
16 : 8 =   2

Dividend : Divisor = Quotient

Rechengesetze / Rechenregeln

Verteilungsgesetz

5 · 4 + 2 · 4 = 7 · 4 = 28

Klammerregel

(4 + 8) · 2 = 12 · 2 = 24

Vorrangregel (Punkt vor Strich)

4 + 8 · 2 = 4 + 16 = 20

Gewicht / Masse

1 Kilogramm = 1 000 Gramm
1 kg = 1 000 g
½ kg = 500 g
¼ kg = 250 g
¾ kg = 750 g

Rauminhalt / Hohlmaß

1 Liter = 1 000 Milliliter
1 l = 1 000 ml
½ l = 500 ml
¼ l = 250 ml
¾ l = 750 ml

Geld

1 Euro = 100 Cent
1 € = 100 ct

Längen

1 Kilometer = 1 000 Meter
1 km = 1 000 m
½ km = 500 m
¼ km = 250 m
¾ km = 750 m

1 Meter = 100 Zentimeter
1 m = 100 cm
½ m = 50 cm
¼ m = 25 cm
¾ m = 75 cm

1 Zentimeter = 10 Millimeter
1 cm = 10 mm
½ cm = 5 mm

Zeit

1 Stunde = 60 Minuten
1 h = 60 min
½ h = 30 min
¼ h = 15 min
¾ h = 45 min

1 Minute = 60 Sekunden
1 min = 60 s
½ min = 30 s
¼ min = 15 s
¾ min = 45 s

Zeitpunkt
10.15 Uhr

Zeitspanne

10.15 Uhr $\xrightarrow{\text{45 min}}$ 11.00 Uhr

Flächen

Vierecke

Kreis

Dreieck

Parallelogramm

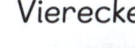

Rechteck

Quadrat

Körper

Würfel

Quader

Kegel

Zylinder

Kugel

Pyramide

ZIEL

START

- einstellige Zahl
- teilbar durch 5
- kleiner als 20
- genau 20
- gerade Zahl
- zwischen 20 und 30
- größer als 20
- teilbar durch 10
- Vielfaches von 3
- zweistellige Zahl
- Vielfaches von 4
- größer als 60
- ungerade Zahl
- zwischen 40 und 60
- größer als 50
- kleiner als 40

Über den Fluss   Spiel für 2 bis 4 Kinder

Ihr braucht: 3 Würfel, je 1 Spielstein

Spielregeln:

- Der erste Spieler würfelt mit 3 Würfeln. Er findet zu den Würfel-
  bildern eine Aufgabe und löst sie. Alle Rechenarten sind erlaubt
  (Beispiel: 6 · 4 – 2 = 22).
- Dann zieht er mit dem Spielstein den zum Ergebnis passenden Weg.
- Nun ist der Partner an der Reihe.
- Sieger ist, wer zuerst im Ziel ist.